여관주인의
선술집 요리 비법

여관주인의

선술집 요리 비법

첼시 먼로 카셀 지음

목차

여관 주인의 편지 6
여관주인의 조언 8

음료

시럽

기본 심플 시럽 12
라벤더 시럽 12
얼그레이 시럽 13
흑설탕 시럽 13
오이 시럽 13

가니쉬

휠과 웨지 14
트위스트 필 14
리밍 15
베리류 과일, 허브, 식용꽃 15

칵테일

험악한 거위 17
고대 존재의 피 19
카자쿠스의 붉은용혈 자양강장제 21
타우렌 티플러 23
죽음의 메아리 25
전투의 함성 27
펀리경의 노간주 홍차 29
메디브의 특제 카라잔 칵테일 31
고블린의 떨림 33
비상용 냉각제 35
비취주 37
대 마상시합 코블러 39
혼합물 전문가의 특제 혼합물 41

목테일

스타시커 사워 43
달라란 플로트 45
땅속의 위협 커피 47
검은바위 마그마 49
늑대인간의 털 51

안주와 디저트

소스와 양념

맛좋은 고기소스 54
군침도는 겨자소스 54
커리 토마토소스 54
페타 치즈 엉겅퀴 소스 55
과카몰리 55
마늘 마요네즈 55

특선 안주

대장님의 간단 맥 앤 치즈 57
넉스마라스 나초 59
듀로타 전사의 파이 61
리로이의 화난 닭 경단 63
변이된 파이 65
무적의 치즈말이 67
험상궂은 손님의 그레이비 맛감자 69
말퓨리온 마쉬 71
핫도그들을 풀어라! 73
병력 소집 75
토르톨란의 훌륭한 피자딜라! 77
SI:7 토스트 79
프라우드무어의 모둠한상 81
브론즈비어드의 모둠 안주 83
수상한 요리사의 가을 특선 85
크로마구스의 라면 곱배기 87
맷돼지단 돌격수의 양배추 볶음 89
토깽 채소 경단 91
위조된 동전 93

디저트

운고르 잿구덩이 푸딩 95
투스카르 행상인의 고불고불 케이크 97
초-갈의 초-코 도너츠 99
야금야금 하스스톤 비스킷 101
와글와글 통나무 103
만찬의 사제의 치즈케이크 105
검은바위 용암 케이크 107
황금 원숭이 빵 109
스톰파이크 특공대 컵케이크 111

여관 주인의 편지

아이고, 이게 누구신가!

자, 어서 와서 자리에 앉으세요! 마침 도움이 필요했거든요.

우리 여관의 단골인 여러분이라면 여관이 어떤 곳인지는 잘 알고 있을 겁니다. 여관의 난롯가는 하스스톤을 플레이하며, 먹고, 마시고, 이야기하고, 자신들의 영웅담을 늘어놓으며 다음 모험을 준비하는 손님들로 항상 붐비고 있습니다. 어떤 날은 한 번에 손님이 몰려오기도 하고 어떤 날은 꾸준하게 손님이 있기도 하지요. 저는 손님들이 마실 음료를 나르고, 필요할 때는 조언도 해주며, 여관에 오는 분이 소중한 추억을 담아 가실 수 있도록 노력하고 있습니다.

시작하기에 앞서 여러분이 한 가지 알아뒀으면 하는 점이 있습니다. 여관에 손님을 모으기 위해서 마법 같은 건 필요 없답니다! 여관을 방문한 낯선 손님을 친절과 맛있는 음식으로 만족 시켜보세요. 그 낯선 손님은 머지않아 단골이 되어있을 것이고, 그 단골손님은 어느 순간 좋은 친구가 되어있을 겁니다.

오랫동안 여관을 운영하면서 푸짐한 안주와 맛있는 음료만큼 사람들을 끌어들이는 것은 없다는 것을 깨달았습니다. 이 요리책을 통해 최고의 레시피를 알려 드리겠습니다. 앞으로 여러분이 여러분만의 여관과 선술집을 만드는 데 큰 도움이 될 것입니다.

앞으로 몇 번 여관을 맡아 운영해 보면 지금까지 제가 말한 게 무슨 뜻인지 이해할 것입니다. 사람들을 즐겁게 하는 것은 다른 어떤 것과도 비교할 수 없는 보상입니다. 정말 환상적이지요!

　　　—하스 스톤브루

여관주인의 조언

이 책을 읽고 있는 여러분은 아마 여관 일에 익숙지 않은 사람일 것입니다. 아니면 이미 여관 일에 익숙하신 분일 수도 있겠지요. 뭐, 어느 쪽이든 제 조언을 끝까지 읽어봐 주셨으면 좋겠습니다. 그동안 여관을 운영하면서 어떻게 손님들을 관리하고 손님들이 필요한 것을 충분히 얻을 수 있도록 하는 것에 대해 꽤 많이 배웠습니다. 알려드릴 팁은 많지만 일단 평화로운 밤을 보내기 위한 몇 가지 팁을 알려드리겠습니다.

첫째, 가장 중요한 것은 소지품 점검입니다. 피라냐 투척기와 마법 지팡이 같은 위험한 무기는 여관 입구에서 확인 후 따로 보관하게 해야 합니다. 여관의 모든 손님은 전투가 아니라 하스스톤을 통해서만 킬각을 노릴 수 있습니다. 처음엔 불만을 가지는 사람들이 있겠지만 반드시 지키게 해야 합니다. 아마 다들 나중에는 감사해할 것입니다.

둘째, 손님들이 어울릴 수 있는 편안한 공간이 있는지 확인하세요. 여관의 모든 손님이 영업 종료 시간까지 머무르는 것은 아니지만 몇몇 손님은 그럴 것입니다. 겨울에는 타우로는 벽난로 주변에 자리를 마련해 주세요. 무더운 여름날은 시원한 바람을 맞을 수 있도록 열린 창문 가까이에 자리를 마련해 주세요. 손님이 자리에 앉으면 음식이나 음료를 원하는지 물어보고 떠나기 전까지 계속 확인하세요. 이들은 앞으로 단골이 될 사람입니다. 손님들을 행복하게 해주세요. 그러면 당신의 호의에 보답할 것입니다!

셋째, 다양한 손님을 맞이할 준비를 하세요. 어떤 손님은 용암과 같이 따뜻한 것을 원할 것입니다. 그에 반해 어떤 손님은 서리가 내린 차가운 다과 한 잔을 대접한다면 당신을 찬양할지도 모릅니다. 멀록은 초콜릿이나 땅콩을 제대로 소화하지 못한다는 사실, 알고 계셨나요? 그대로 똥으로 나온다고 하네요. 타우렌은 초식성이지만 일부는 일을 먹지 않습니다. 뭐, 모든 사람에게 맞춤식을 제공할 수는 없지만, 단골들의 취향을 기억해 두면 큰 도움이 될 것입니다. 제가 가장 자신 있어 하는 안주 레시피는 57페이지부터 시작합니다. 요리에

자신이 없다면 '대장님의 간단 맥 앤 치즈'를 먼저 시도해 보세요. 고블린도 뚝딱 만들 수 있을 정도로 쉽고, 대부분의 손님이 좋아할 정도로 맛 또한 훌륭합니다.

넷째, 밤이 깊어짐에 따라 여관의 분위기가 달라질 수 있으므로 이에 대비하세요. 어떤 손님은 여관에 도착하자마자 난동을 피우기도 하고, 어떤 손님은 자정이 넘어서야 가면을 벗기도 하지요. 때로는 모험가 무리가 몰려와 승리와 정복에 관한 이야기로 여관을 들썩이게 하기도 하고, 갑자기 차원문을 열고 나타나더니 한참 동안 자기들끼리만 이야기하다 떠나는 손님들도 있습니다. 이것은 지극히 정상적인 현상입니다! 마치 바다의 밀물과 썰물과 같지요. 혼자 앉아 있는 사람이 있다면 대결을 제안해 보세요. 처음엔 약간 어색한 침묵이 흐를 수도 있지만, 대개는 당신의 제안에 감사할 것입니다.

아! 그리고 손님들끼리 투기장을 주최해 보세요. 작은 이벤트는 손님들을 하나로 모을 수 있으며, 챔피언이 탄생할지도 모릅니다! 디저트로 저녁의 축제를 마무리하는 것도 잊지 마세요(제가 추천하는 최고의 디저트는 95페이지부터 시작됩니다). 집에 돌아가는 길에 손에 들려줄 수 있는 꼬불꼬불 케이크가 있다면 3연패를 하더라도 집으로 돌아가는 길이 가벼울 것입니다!

음료

시럽

심플 시럽 12
라벤더 시럽 12
얼그레이 시럽 13
흑설탕 시럽 13
오이 시럽 13

가니쉬

휠과 웨지 14
트위스트 필 14
리밍 15
베리류 과일, 허브, 식용꽃 15

칵테일

험악한 거위 17
고대 존재의 피 19
카자쿠스의 붉은용혈 자양강장제 21
타우렌 타플러 23
죽음의 메아리 25
전투의 함성 27
펀리경의 노간주 홍차 29
메디브의 특제 카라잔 칵테일 31
고블린의 떨림 33
비상용 냉각제 35
비취주 37
대 마상시합 코블러 39
혼합물 전문가의 특제 혼합물 41

목테일

스타서커 사워 43
달라란 플로트 45
땅속의 위협 커피 47
검은바위 마그마 49
늑대인간의 럴 51

시럽

시럽은 주변에서 흔히 볼 수 있는 식재료 몇 가지로 손쉽게 만들 수 있습니다. 간단하지만 잘 활용한다면 칵테일에 인상적인 맛을 더할 수 있지요! 일단 여기 소개된 기본적인 시럽들을 먼저 마스터하고 여러분 자신만의 시럽도 한번 만들어 보세요.

심플 시럽

양: 약 1 컵, 칵테일 3~4 잔 정도 만들 수 있는 양

설탕 1 컵   물 ¾ 컵

1. 작은 냄비에 설탕과 물을 넣고 중불에 올린다.
2. 물이 끓으면 약불로 줄이고, 설탕이 모두 녹을 때까지 끓인다.
3. 설탕이 모두 녹았다면 불에서 내리고 뚜껑을 덮는다. 완전히 식을 때까지 잠시 한쪽으로 치워둔다.
4. 시럽이 다 식었다면 고운체로 혹시 남아있을지 모를 설탕 알갱이를 거르고 깨끗한 용기에 담는다.
5. 냉장 보관하면 약 보름 정도 사용할 수 있다.

시럽을 만들 때는 최대한 젓지 않는게 중요합니다. 잘못하면 사탕처럼 굳어버리거나 결정이 생길 수도 있거든요.

라벤더 시럽

설탕 1 컵
물 ¾ 컵
건조 식용 라벤더 1½ 큰술
보라색 식용 색소 (선택사항)

1. 작은 냄비에 설탕, 물, 식용 라벤더를 넣고 중불에 올린다.
2. 물이 끓으면 약불로 줄이고, 설탕이 모두 녹을 때까지 끓인다.
3. 설탕이 모두 녹았다면 불에서 내리고 뚜껑을 덮는다. 라벤더가 잘 우러나도록 시럽에 20분간 담가둔다.
4. 고운체로 라벤더를 걸러내고 취향에 맞게 식용 색소를 섞는다.

얼그레이 시럽

물 ¾ 컵   얼그레이 티백 1 개   설탕 1컵

1. 작은 냄비에 물을 넣고 중불에 올린다.
2. 물이 끓으면 불에서 내리고 얼그레이 티백을 넣는다.
3. 얼그레이가 잘 우러나도록 4분간 차를 우린다.
4. 냄비에 설탕을 넣고 다시 불에 올린다. 설탕이 모두 녹을 때까지 약불로 끓인다.
5. 설탕이 모두 녹았다면 불에서 내리고 뚜껑을 덮는다. 완전히 식을 때까지 잠시 한쪽으로 치워둔다.
6. 시럽이 완전히 다 식었다면 티백을 제거한다.

흑설탕 시럽

흑설탕 1 컵   물 ¾ 컵   바닐라 익스트랙 ½ 작은술

1. 작은 냄비에 흑설탕과 물을 넣고 중불에 올린다.
2. 물이 끓으면 약불로 줄이고, 설탕이 모두 녹을 때까지 끓인다.
3. 설탕이 모두 녹았다면 불에서 내리고 바닐라 익스트랙을 넣고 섞는다. 완전히 식을 때까지 잠시 한쪽으로 치워둔다.
4. 시럽이 다 식었다면 고운체로 혹시 남아있을지 모를 설탕 알갱이를 거르고 깨끗한 용기에 담는다.

오이 시럽

설탕 1 컵   물 ¾ 컵   껍질을 벗기지 않고 잘게 썬 오이 1 컵

1. 작은 냄비에 설탕과 물을 넣고 중불에 올린다.
2. 물이 끓으면 약불로 줄이고, 설탕이 모두 녹을 때까지 끓인다.
2. 설탕이 모두 녹았다면 불에서 내리고 오이를 넣고 섞는다. 뚜껑을 덮고 최소 30분 동안 침출한다.
4. 시럽을 고운체로 거르고 깨끗한 용기에 담는다. 걸러낸 오이는 버린다.

가니쉬

가니쉬란 손님들이 주문한 칵테일에 아름다운 현혹 마법을 걸어 손님들이 더 많은 칵테일을 주문하게 만드는 것...은 아닙니다. 손님에게 그런 마법을 쓰는 건 예의가 아니죠. 위험하기도 하고요. 가니쉬는 사실 마법 같은 게 아닙니다. 가니쉬는 손님이 주문한 칵테일에 바텐더만의 개성이나 킥을 더하는 장식입니다. 가니쉬는 단순히 칵테일의 균형을 맞추고 풍미를 더하는 것 이상의 의미가 있지요. 또한 웰컴드링크에 적절한 가니쉬를 사용한다면 손님에게 당신은 특별하고 환영받는다는 것을 보여줄 수 있는 하나의 수단이 되기도 합니다.

휠과 웨지

휠과 웨지는 만들기에 가장 쉬운 가니쉬이며, 만드는데 준비 시간이 전혀 필요하지 않습니다. 그렇기 때문에 제가 자주 사용하는 가니쉬이기도 합니다. 휠과 웨지를 만들기 위해선 공통적으로 라임이나 레몬의 울퉁불퉁한 양 꼭지 부분을 잘라내야 합니다. 휠을 만들기 위해선 손질한 라임이나 레몬을 약 0.5cm 두께로 자르면 됩니다. 웨지를 만들기 위해선 손질한 라임이나 레몬을 세로로 반으로 자른 다음 다시 한번 세 개의 쐐기 모양으로 자릅니다. 휠과 웨지는 칵테일을 아름답게 꾸며주기도 하지만 상큼한 향을 더할 때 주로 사용합니다.

트위스트 필

트위스트 필은 간단하면서도 아름다운 가니쉬입니다. 레몬, 라임, 오렌지 혹은 다른 감귤류 과일 전반으로 만들 수 있지만, 일단 여기에선 레몬을 예시로 들어 설명하겠습니다. 트위스트 필을 만들기 위해선 먼저 레몬을 약 0.5cm 두께로 잘라 레몬 휠을 만듭니다. 휠의 한쪽 부분에 칼집을 내서 레몬 껍질과 과육을 분리하고 하얀 알베도 부분도 조심스럽게 잘라냅니다. 레몬 껍질을 나무 꼬치에 감은 다음 얼음물이 담긴 그릇에 떨어뜨려서 모양을 고정해 주면 완성입니다. 트위스트 필은 하루 전날에 미리 만들어놔도 되지만, 너무 오래 보관한다면 짓무를 수도 있으니 주의해야 합니다.

리밍

소금과 설탕으로 칵테일 잔의 주둥이 부분을 장식하는 것은 일반적인 마가리타나 트로피칼 칵테일에서 흔히 볼 수 있는 고전적인 가니쉬입니다. 칵테일을 아름답게 꾸미는 것 외에도 칵테일의 풍미를 보완할 수 있는 가니쉬이지요. 겉보기에는 간단하지만, 만드는 방법은 약간 까다롭습니다. 우선 얕은 쟁반이나 접시에 설탕이나 소금을 담습니다. 이때 소금이나 설탕은 입자가 굵을수록 좋습니다. 라임이나 레몬 웨지로 혹은 칵테일과 어울리는 주스나 리큐르로 칵테일잔의 주둥이 부분을 적셔줍니다. 그 후 소금이나 설탕이 담긴 쟁반에 칵테일 잔의 주둥이 부분을 천천히 돌리면서 작은 띠가 만들어지도록 합니다. 이때 칵테일 잔을 쟁반과 거의 직각이 되도록 잡아야 합니다. 마지막으로 잔을 흔들어 불필요한 소금이나 설탕을 털어냅니다. 리밍을 한 다음 냉장고에 칵테일 잔을 넣어 차갑게 만들면 설탕이나 소금을 더욱 단단하게 고정할 수 있습니다. 소금이나 설탕 외에도 맛소금이나 훈제 소금을 사용하거나 향신료 가루, 코코아 파우더를 활용하여 색다른 분위기를 연출할 수도 있습니다.

베리류 과일, 허브, 식용꽃

거의 모든 음료를 화사하게 만들어주는 간편한 가니쉬입니다. 저는 민트잎과 라즈베리를 자주 사용합니다. 라즈베리는 제가 가장 좋아하는 과일이기도 하지요! 그리고 석류는 어디에나 잘 어울리는 가니쉬입니다. 잘 모르겠다면 음료의 맛을 보완할 수 있는 베리나 허브를 선택해서 한번 실험해 보세요! 식용 꽃은 음료의 수준을 한 단계 끌어올리고 이국적인 분위기를 더해주며, 특히 봄과 여름 칵테일과 잘 어울립니다. 또한 제철 과일을 칵테일 꼬치에 꽂아 냉동실에 얼려두는 것도 좋은 방법 중 하나입니다. 칵테일을 시원하게 유지시켜 줄 수 있는 멋진 가니쉬가 될 것입니다.

험악한 거위

준비 시간: 2 분   분량: 1 인분

곁들이면 좋은 안주: 위조된 동전 (93쪽), 안티파스토 모둠안주

> 가젯잔에서 만난 바텐더 친구한테 배운 레시피입니다. 정말 친절한 남자였지요. 아마 여러분도 만나보면 맘에 들어 할 거예요. 그 친구는 이게 떡대들 사이에서 대박 터트릴 칵테일이라고 자신만만했는데... 판단은 여러분에게 맡길게요!!

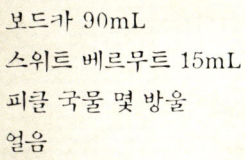

보드카 90mL
스위트 베르무트 15mL
피클 국물 몇 방울
얼음

가니쉬: 오이 피클, 올리브, 양파 꼬지

1. 칵테일 셰이커에 보드카, 스위트 베르무트, 피클 국물, 얼음을 넣는다.
2. 셰이커를 강하게 흔들어서 섞는다. 미리 차갑게 식혀둔 잔에 붓는다.
3. 피클이나 올리브 꼬치로 장식한다.

고대 존재의 피

준비 시간: 5 분   분량: 잔에 따라 다르지만 보통 1~2 잔

곁들이면 좋은 것: 베이컨을 곁들인 푸짐한 아침 식사, 새우 칵테일

토마토 주스 2 컵
보드카 60~90mL
레몬즙 2 큰술
우스터 소스 1 큰술
홀스래디쉬 1 큰술 (와사비)
황설탕 한 꼬집
셀러리 소금 한 꼬집
카이엔 페퍼 한 꼬집
후추 한 꼬집
얼음

가니쉬: 셀러리 줄기, 레몬 웨지, 바싹 구운 베이컨

1. 얼음과 가니쉬를 제외한 모든 재료를 큰 계량컵이나 작은 피쳐에 넣고 섞는다.
2. 하이볼 잔에 얼음을 채운다. 잔에 천천히 칵테일을 붓고 바 스푼으로 얼음과 칵테일이 잘 섞이도록 젓는다.
3. 셀러리 줄기, 레몬 웨지, 베이컨으로 장식한다.

헤멧 네싱워리는 원정대 대원들과 식사할 때마다 메뉴를 통일하라고 꾸짓곤 합니다. 참으로 안타까운 일이지요. 누구는 그 음식을 싫어할 수도 있고, 누구는 다른 음식을 먹고 싶을 수도 있지요. 만약 주문한 칵테일에서 촉수가 자라나 원정대를 집어삼키면 어쩌나요? 모든 손님은 원하는 메뉴를 선택할 권리가 있어요!

카자쿠스의 붉은용혈 자양강장제

준비 시간: 5 분   분량: 1 잔

곁들이면 좋은 것: 매운 카레, 매콤한 생강 케이크

다크 ~~라이트~~ 럼 45mL
스위트 베르무트 45mL
앙고스투라 비터스 2mL
얼음, 취향껏
레드락 막대 사탕
진저비어 105mL
그레나딘 시럽 15mL

1. 럼, 스위트 베르무트, 앙고스투라 비터스를 얼음과 함께 온더락잔에 넣는다. 레드락 막대 사탕을 사용해 섞는다.
2. 진저비어를 붓고 마지막으로 그레나딘 시럽을 뿌린다.
3. 쭉 들이킨다. 단, 정신을 잃지 않도록 노력하세요.

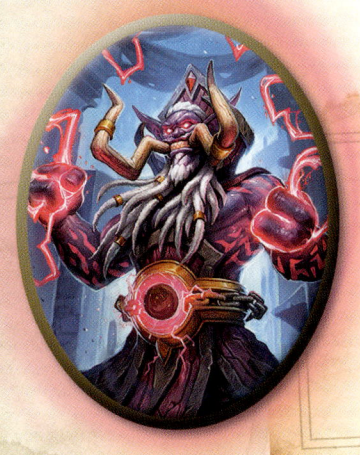

한 방울만 마셔도 기운이 솟는 카자쿠스의 은총이 담긴 진홍빛 물약이에요! 적어도 저는 그렇게 알고 있습니다. 사실은... 카자쿠스가 이것을 메뉴에 올리지 않으면 죽는다고 했어요. 제 앞에서 이것을 마시지 않는 어리석은 선택을 하지 마시길 바라요.

타우렌 티플러

준비 시간: 5 분   분량: 1 잔

곁들이면 좋은 것: 설탕 쿠키, 피칸 파이, 신선한 과일을 곁들인 와플, 글레이즈 도넛

> 종달새형 인간들이 마음에 들어 할 만한 유쾌한 아침 음료입니다. 에그노그와 비슷하지만 좀 더 가볍기 때문에 아침에 마시기에 좋습니다. 이 칵테일은 썬더 블러프의 선술집에서 흔히 찾아볼 수 있어요. 다만, 무슨 일이 있어도 우유의 출처는 묻지 마세요. 블러드후프 부족은 그것을 큰 모욕으로 받아들일 것입니다.

우유 60mL
브랜디 혹은 럼 45mL
흑설탕 시럽 30mL (13쪽)
얼음
생크림 45mL
아이리시 크림 리큐르 15mL → 베일리스가 좋다!

가니쉬: 시나몬 슈가와 넛맥 가루

1. 온더락잔 주둥이 부분을 브랜디에 살짝 담근 후 시나몬 설탕을 묻혀서 온더락잔을 꾸며주면 더욱 맛있고 멋진 칵테일을 만들 수 있다.
2. 온더락잔에 얼음을 넣는다.
3. 칵테일 셰이커에 우유, 브랜디 혹은 럼, 흑설탕 시럽, 얼음을 넣는다.
4. 칵테일 셰이커를 힘차게 흔들어 섞은 다음 준비된 온더락잔에 붓는다.
5. 생크림과 아이리시 크림 리큐르를 칵테일 셰이커에 넣고 30초 정도 힘차게 흔들어 아이리시 폼을 만든다.
6. 칵테일 위에 아이리시 폼을 붓고, 그 위에 넛맥 가루를 뿌려 장식한다.

죽음의 메아리

준비 시간: 5 분   분량: 1 잔

곁들이면 좋은 것: 황금 원숭이 빵 (109쪽), 구운 고기, 진저브레드 쿠키

브랜디 45mL
~~레몬즙~~ 20mL   *라임즙*
흑설탕 시럽 15mL
~~스타우트~~ 맥주 350mL   *포터*

가니쉬: 간생강 한 꼬집

1. 브랜디, 레몬즙, 흑설탕 시럽을 큰 맥주잔에 넣는다.
2. 잔이 가득 찰 때까지 포터 맥주를 붓고, 바 스푼으로 잘 섞이도록 젓는다. 간생강을 살짝 뿌려 장식한다. *건배!!!*

더 이상 '죽음의 메아리'라는 이름을 두려워하지 마세요. 죽음의 메아리는 저희 선술집에서 팔고 있는 칵테일 중 가장 독특하고 맛있는 칵테일입니다. 여관 운영 초기부터 저와 함께했으며, 여관을 거쳐 간 많은 탐험가들이 죽음의 메아리를 한두 잔 기울이며 자신들의 모험담을 들려주곤 했지요.

전투의 함성

준비 시간: 5 분   분량: 1 잔

곁들이면 좋은 것 : 다크 초콜릿, 검은바위 용암 케이크(107쪽), 상쾌한 늦가을 날씨

루비 포트 와인 60mL
브랜디 60mL
시나몬 위스키 15mL
가니쉬: 레몬즙과 레몬 트위스트

1. 포트 와인, 브랜디, 시나몬 위스키를 텀블러잔에 붓고 섞는다.
2. 레몬즙 몇방울을 뿌려 산미와 향을 더하고 레몬 트위스트로 장식한다.

무더운 여름날에는 얼음을 넣어 보세요!

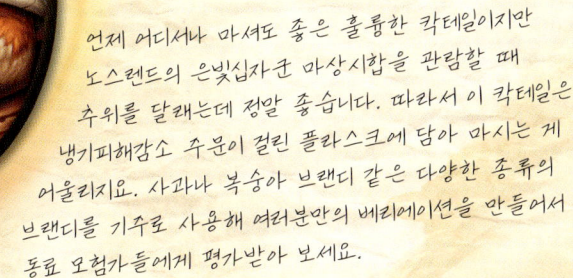

언제 어디서나 마셔도 좋은 훌륭한 칵테일이지만 노스렌드의 은빛십자군 마상시합을 관람할 때 추위를 달래는데 정말 좋습니다. 따라서 이 칵테일은 냉기피해감소 주문이 걸린 플라스크에 담아 마시는 게 어울리지요. 사과나 복숭아 브랜디 같은 다양한 종류의 브랜디를 기주로 사용해 여러분만의 베리에이션을 만들어서 동료 모험가들에게 평가받아 보세요.

핀리경의 노간주 홍차

준비 시간: 5 분   분량: 1 잔

곁들이면 좋은 것: 쌀쌀한 날 경치 좋은 곳에서 닭요리와 딸기와 함께하는 소풍

진 ~~60mL~~ 30mL
버번위스키 15mL
트리플 섹 7mL
얼그레이 시럽 30mL (13쪽)
진저에일 60mL

가니쉬: 오렌지 웨지와 휠

1. 얼음을 채운 텀블러잔에 진, 버번위스키, 트리플 섹, 얼그레이 시럽을 넣고 바 스푼을 사용해 섞는다.
2. 마지막으로 진저에일을 붓고 오렌지 웨지나 휠로 장식한다.

핀리 므르글턴 경에 대한 메모: 그가 처음 여관으로 걸어 들어왔을 때 그냥 평범한 멀록일 거라고 생각했지만, 알고 보니 그는 정말 친절한 신사이고 똑똑한 학자였음. 항상 자신이 겪은 모험담이나 탐험 도중 발견한 요리법을 공유하기를 열망함.

메디브의 특제 카라잔 칵테일

준비 시간: 5분   분량: 1잔

곁들이면 좋은 것: 크림 브륄레

라이 위스키 60mL
스위트 베르무트 30mL
트리플 섹 20mL
앙고스투라 비터스 2mL
얼음

가니쉬: 마라스키노 체리

1. 칵테일 셰이커에 위스키, 베르무트, 트리플섹, 비터스를 얼음과 함께 넣고 흔들어 섞는다.
2. 마티니 잔에 체리를 넣고 칵테일을 붓는다. 조금 더 달게 먹고 싶다면 체리 주스를 취향에 맞게 추가로 넣어도 좋다.

메디브의 파티에서 제공되는 이 칵테일은 너무나 환상적이고 훌륭하다고 소문이 나 있기 때문에 한때 여관을 찾는 수많은 손님이 메디브의 시그니처 칵테일을 만들어 줄 순 없냐고 물었습니다. 시간이 좀 걸렸지만, 카라잔의 관리인 모로스를 구슬려서 겨우 제조법을 알아냈습니다.

고블린의 떨림

준비 시간: 5 분   굳히는 시간: 약 3 시간   분량: 약 20 인분

곁들이면 좋은 것: 브론즈비어드의 모둠 안주 (83쪽)

> 가젯잔의 바텐더 탈란의 스페셜 메뉴 중 하나입니다. 너무 많이 주워 먹지 않도록 조심하세요! 생각 없이 먹다가는 땅이 젤리처럼 흔들리는 경험을 하게 될 수도 있답니다.

파란색 젤리
블루 큐라소 ¼ 컵
미도리 ¼ 컵
레몬즙 ¼ 컵
물 ¼ 컵
설탕 1 큰술
젤라틴 2 작은술

초록색 젤리
데킬라 ¼ 컵
미도리 ¼ 컵
레몬즙 ¼ 컵
물 ¼ 컵
설탕 1 큰술
젤라틴 2 작은술

가니쉬: 샌딩 슈거(식용 컬러 설탕)

파란색 젤리 만들기:

1. 작은 냄비에 블루 큐라소, 미도리, 레몬즙, 물, 설탕을 넣고 섞는다.
2. 냄비에 젤라틴을 넣고 1분 정도 불린 후 중불에 올린다.
3. 젤라틴과 설탕이 완전히 녹았다면 깨끗한 식빵틀에 붓는다.
4. 냉장고에 넣고 90분 정도 굳힌다.

녹색 젤리 만들기:

1. 작은 냄비에 데킬라, 미도리, 레몬즙, 물, 설탕을 넣고 섞는다.
2. 냄비에 젤라틴을 넣고 1분 정도 불린 후 중불에 올린다.
3. 젤라틴과 설탕이 완전히 녹을 때까지 젓는다.
4. 약 5분 정도 식힌 후 만들어둔 파란 젤리 위에 조심스럽게 붓는다.
5. 냉장고에 넣고 90분 정도 더 굳힌다.

완성하기:

1. 식빵팬의 바닥면과 옆면이 잠기도록 뜨거운 물에 잠시동안 담근 후 식빵팬을 뒤집어서 젤리를 꺼낸다. 이렇게 하면 젤리를 깔끔하게 꺼낼 수 있다.
2. 젤리를 가로세로 약 2.5cm 크기의 정육면체 크기로 자른다.
3. 좋아하는 색상의 샌딩슈거를 뿌려서 완성한다.

비상용 냉각제

준비 시간: 5 분   분량: 1 잔

곁들이면 좋은 것: 피클, 짭짤한 과자, 오렌지

파란색 이온 음료 90mL
데킬라 45mL
레몬즙 ½ 개 분량
블루 큐라소 1mL
얼음
레몬 샤베트나 레몬 소르베

가니쉬: 레몬 슬라이스

듣기론 다른 차원에 존재하는 '파워'로 시작하는 음료수가 딱 좋다는데, 아제로스에서 구할 수가 있어야지.....

1. 칵테일 셰이커에 이온 음료, 데킬라, 레몬즙, 블루 큐라소를 얼음과 함께 넣고 잘 흔들어 섞는다.
2. 온더락잔이나 텀블러잔에 칵테일을 넣고 레몬 셔벗 몇 스푼을 위에 얹는다.
3. 레몬 슬라이스로 장식한다.

살다 보면 화산 속으로 뛰어내리든, 마상시합에서 땀을 흘리든, 드레곤의 브레스를 정통으로 마주하던 등 여러 가지 이유로 살짝 열이 올라 빨리 식힐 수 있는 무언가가 필요할 때가 있을 겁니다. 그럴 때는 걱정하지 말고 이 칵테일을 들이켜세요!! 효과는 이 하스스톤브루가 보장합니다! 자, 다들 여기 앉으세요. 머리가 띵해질 정도로 차가운 칵테일을 따라줄 테니까요!

비취주

준비 시간: 5 분   분량: 1 잔

곁들이면 좋은 것: 오이 샌드위치

아이야 블랙포우는 이기적이고 잔혹하며, 고급스럽고 세련된 것을 좋아한다고 합니다. 아마 이 칵테일은 그녀의 취향에 딱 맞을 겁니다. 만약 여러분이 달걀흰자에 대한 거부감이 있다면 흰자를 빼고 만들어도 똑같이 맛있는 칵테일을 만들 수 있습니다. 다만, 사랑스러운 거품은 찾아볼 수 없다는 걸 명심하세요.

사케 75mL
엘더플라워 리큐르 ~~60mL~~ 30mL
오이 심플 시럽 20mL (13쪽)
달걀흰자 1 개 분량
얼음

가니쉬: 오이 슬라이스

1. 칵테일 셰이커에 사케, 엘더프라워 리큐르, 오이 시럽, 달걀흰자를 넣는다.
2. 15초 정도 힘차게 흔든 다음, 얼음을 넣고 10초 동안 더 흔든다.
3. 마티니 잔이나 쿠페잔에 따르고 오이 슬라이스로 장식한다.

대 마상시합 코블러

준비 시간: 5 분   분량: 1 잔

곁들이면 좋은 것: 무더운 여름날씨, 운동 경기의 열기, 꼬불꼬불 케이크 (97 쪽)

라즈베리, 블루베리와 같이 신선한 베리류 과일 몇 알
설탕 ~~1작은술~~ 1 큰술
레몬 슬라이스 1 개
샴보드 15mL
크러쉬드 아이스 혹은 작게 얼린 얼음
세미 드라이 셰리 30mL
샴페인 30mL, 기호에 맞게 조절 가능

가니쉬: 민트잎, 레몬 혹은 오렌지 슬라이스

1. 온더락잔이나 하이볼잔 바닥에 설탕, 레몬 슬라이스, 베리류 과일을 넣고 섞는다.
2. 그 후 샴보드를 붓고, 크러쉬드 아이스를 넣는다.
3. 셰리를 붓고 샴페인도 취향껏 부은 후 막대로 휘저어 섞는다.
4. 신선한 베리, 민트, 오렌지 슬라이스로 장식한 후 빨대로 즐긴다.

싱그러운 베리와 투명한 자갈 같은 얼음이 조화를 이루는 이 칵테일은 대 마상시합에서 영감을 얻어 만들었습니다. 달콤한 파이 굽는 냄새, 도무지 지나갈 수 없을 것 같은 울퉁불퉁한 길..... 실제로 대 마상시합 한 가운데 있는 것처럼 느껴질 것입니다!

혼합물 전문가의 특제 혼합물

준비 시간: 5 분   분량: 1 잔

곁들이면 좋은 것: 위조된 동전 (93 쪽), 닉스마라스 나초 (59 쪽), 튀김

라임즙 1개 분량
~~레몬즙 2개 분량~~
앙고스투라 비터스 1~2mL
럼 60mL
콜라 90~120mL
얼음

가니쉬: 라임 휠

1. 얼음을 채운 온더락잔에 럼, 비터스, 라임즙, 콜라의 순으로 넣고 섞는다.
2. 라임 휠로 장식한다.

어느 날 가젯잔의 한 골목에서 수상하고 음침한 여자를 마주쳤습니다. 그녀는 저에게 그녀가 가장 좋아하는 혼합물의 조리법을 알려주었지요. 저는 이 레시피에 대해 전혀 의심스러운 점이 없다고 확신합니다. 부작용? 아니, 절 믿으세요. 이건 단지 간단한 칵테일일뿐입니다.. 진짜에요!!

스타시커 사워

준비 시간: 5 분   분량: 1~2 잔

곁들이면 좋은 것: 한 여름날의 소풍, 모험심, 쇼트 브레드 쿠키, 신선한 베리류 과일

레몬 제스트와 레몬즙, 레몬 2개 분량
물, 기호에 맞게 조절 가능
라벤더 심플 시럽 (12 쪽)
얼음

가니쉬: 레몬 휠

1. 계량컵에 레몬 제스트와 레몬즙을 넣고 섞는다.
2. 기호에 맞게 물에다 레몬즙을 희석한 후 고운체로 걸러 물통에 담고 잠시 한쪽으로 치워둔다.
3. 희석한 레몬즙과 라벤더 시럽을 얼음으로 채워진 하이볼잔이나 텀블러잔에 붓는다.
4. 레몬 휠로 장식한다.

엘리스가 어디서 이 레시피를 알아냈는지는 알 수 없지만, 그녀가 도서관에서 오래된 지도와 먼지투성이 책을 뒤적거리며 이 음료를 즐겨 마신다는 것은 알고 있습니다. 맑은 정신을 유지하기 위한 그녀만의 비법이지요! 만약 오늘 할 일을 끝냈고, 기분 전환을 위해 도수가 있는 버전을 원한다면 보드카를 기호에 맞게 추가하세요!

달라란 플로트

준비 시간: 5 분   분량: 1 잔

곁들이면 좋은 것: 땅콩버터 샌드위치, 스톰파이크 특공대 컵케이크 (111 쪽)

바닐라
~~초콜릿~~ 아이스크림 2 스쿱
포도맛 탄산음료 혹은 달라란 샴페인 350mL
휘핑크림

가니쉬: 레인보우 스프링클

1. 아이스크림을 큰 맥주잔에 넣는다.
2. 탄산음료를 붓고, 휘핑크림을 듬뿍 넣는다.
3. 기호에 맞게 스프링클로 장식하고 긴 숟가락과 빨대를 함께 제공한다.

약간의 아이스크림, 약간의 탄산, 약간의 휘핑크림이 조화를 이루는 플로트입니다. 이 플로트는 키린 토 내부에서 대유행하고 있다고 하지요. 이 플로트를 마시고 실망한 사람은 한 명도 찾아볼 수 없었다고 하네요. 오죽하면 심술꾼 바바가누쉬도 이 플로트를 마시곤 웃음을 터뜨리며 만족했다는 것으로 알려져 있습니다.

땅속의 위협 커피

준비 시간: 10 분   분량: 1~2 잔

곁들이면 좋은 것: 티라미수, 시나몬 토스트

이 목테일을 만드는 과정만 보면 네루비아의 둥지처럼 보일 수 있지만, 완성된 목테일을 본다면 생각이 달라질 겁니다. 달걀노른자 토핑은 전혀 이상한 게 아니에요. 평소에 먹는 커피에 넣어도 일품이랍니다! 만약 조금 도수가 있는 버전을 원한다면 커피나 아몬드 리큐르, 혹은 다크 럼을 취향껏 추가해 보세요.

물 2 컵
달걀 2 개, 노른자와 흰자를 분리해서
분쇄한 원두 3 큰술   프렌치 프레스 정도의 굵기가 좋다
다진 생강 1 작은술
연유 1 큰술

가니쉬: 넛맥 가루

1. 작은 냄비에 물을 넣고 중불에 놓고 끓인다.
2. 작은 그릇에 달걀흰자, 커피, 생강을 넣고 섞어서 끈적끈적한 슬러리를 만든다.
3. 슬러리를 끓는 물에 푼다. 끔찍해 보일 수도 있지만 조금만 참으세요! 커피가 우러나올 때까지 저어가면서 약 5분 동안 끓인다.
4. 작은 믹싱볼에 달걀노른자와 연유를 넣고 하얗고 걸쭉해질 때까지 핸드 믹서로 세게 휘젓는다.
5. 3에서 우린 커피를 고운체로 거른 후 내열 유리잔에 붓고 그 위에 4에서 만든 달걀노른자 혼합물을 숟가락으로 떠 넣는다.
6. 넛맥 가루로 장식한다. 식기 전에 마신다.

검은바위 마그마

준비 시간: 15 분   분량: 큰잔에 1 잔, 작은잔에 2 잔

곁들이면 좋은 것: 마쉬멜로우

황설탕 1~2 큰술
소금 한 꼬집
우유 1½ 컵
생크림 ½ 컵
시나몬 스틱 2~3 개
다진 생강 ½ 작은술
말린 치포틀레 고추 1 개, 반으로 갈라서
다크 초콜릿칩 1 컵
식용 액상 색소, 빨간색 (선택사항)

가니쉬: 시나몬 가루, 코코아 파우더, 휘핑크림

1. 중간 크기 냄비를 중불에 올리고 가니쉬를 제외한 모든 재료를 넣고 섞는다.
2. 초콜릿이 잘 녹도록 저어가면서 초콜릿이 완전히 녹고 우유가 끓기 직전까지 데운다.
3. 초콜릿 우유를 고운체에 걸러 내열 머그컵에 담는다. 시나몬 가루, 코코아 파우더, 휘핑크림으로 장식한다. 식기 전에 마신다.

휴, 좀 덥네요...! 블랙록 마운틴을 따라 흘러내리는 용암의 계곡에서 영감을 받은 이 칵테일은 아무리 추운 추위라도 견딜 수 있게 해줄 겁니다. 도수가 있는 버전을 원한다면 시나몬 위스키를 조금 넣어보세요! 시나몬 스틱도 넣는 거 잇지 말구요!

늑대인간의 털

준비 시간: 10 분   분량: 1 잔

곁들이면 좋은 것: 토스트, 해시 브라운, 전날 먹다 남은 피자

소고기 육수 2컵
홍차 티백 1개
달걀 1개
~~시나몬 가루~~ 다진 생강 크게 한 꼬집
소금 한 꼬집
타바스코소스 몇 방울, 듬뿍 넣는 게 좋다
맥주 또는 셰리 몇 방울 (선택사항)

1. 작은 냄비를 중불에 올리고 소고기 육수를 넣는다. 육수가 끓기 시작하면 홍차 티백을 넣는다.
2. 달걀을 깨서 작은 믹싱볼에 담고 잠시 한쪽으로 치워둔다.
3. 육수를 시머링 하면서 홍차를 1분 정도 우린 후 티백을 건져낸다.
4. 다진 생강, 소금, 타바스코소스, 맥주 또는 셰리를 육수에 넣고 잘 섞는다.
5. 달걀이 담긴 믹싱볼에 육수의 절반 정도를 천천히 부은 후 휘저어서 달걀과 육수가 잘 섞이도록 한다.
6. 달걀과 섞은 육수를 다시 냄비에 넣고 끓기 직전까지 데운다.
7. 고운체를 이용해 육수를 거른다. 따뜻할 때 마신다.

> 머릿속이 사나운 늑대인간으로 가득 찬 것 같은 느낌이 드나요? 혹시 어젯밤 투기장에서 완벽한 승리를 거두고 아직도 흥에 취해 있는 건 아닐까요? 이유가 뭐가 되었든, 여기 딱 좋은 게 있습니다. 이 음료를 쭉 들이켠다면 금방 괜찮아질 거예요. 만약 거품기의 소음이 여러분의 머리를 아프게 만들 것 같다면, 미리 이 강력한 음료를 만들고 냉장고에 차갑게 보관해 두고, 필요할 때마다 따뜻하게 다시 데우는 것도 좋은 방법이랍니다!

안주와 디저트

소스와 양념

맛좋은 고기소스 54
군침도는 겨자소스 . . 54
처리 토마토소스 54
페타 치즈 엉겅퀴 소스 55
과과 몰리 55
마늘 마요네즈 55

특선 안주

대장님의 간단 맥 앤 치즈 57
닉스마라스 나초 59
듀로타 전사의 파이 61
리로이의 화난 닭 경단 63
변이된 파이 65
무적의 치즈말이 67
협상군은 손님의 그레이비 맛감자 69
말퓨리온 마쉬 71
핫도그들을 풀어라! 73
병력 소집 75
토르톨란의 훌륭한 피자달라! 77
SI:7 토스트 79
프라우드무어의 모둠한상 81
브론즈비어드의 모둠 안주 83
수상한 요리사의 가을 특선 85
크로마구스의 라면 곱빼기 87
맷돼지단 돌격수 양배추 볶음 89
토깽 채소 경단 91
위조된 동전 93

디저트

운고르 잿구덩이 푸딩 95
루스카르 행상인의 고불고불 케이크 97
초-갈의 초-코 도너츠 99
야금야금 하스스톤 비스킷 101
와글와글 통나무 103
만찬의 사제의 치즈케이크 105
검은바위 용암 케이크 107
황금 원숭이 빵 109
스톰파이크 특공대 컵케이크 111

소스와 양념

맛좋은 고기소스

가염 버터 2 큰술
밀가루 2 큰술
흑맥주 ½ 컵

비프스톡 혹은 야채스톡 2 컵
우스터 소스 1~2 작은술
소금과 후추, 간을 하기 위해 준비

1. 블론드 루를 만드는 것으로 시작한다. 중간 크기 소스팬에 버터를 넣고 중불에서 녹인다. 밀가루를 넣고 황금색이 될 때까지 볶는다.
2. 완성된 루에 맥주와 비프스톡을 넣고 휘저어 가며 잘 풀어준다. 걸쭉하지만 흐를 수 있을 정도의 점도가 되면 완성이다.
3. 불에서 내리고 소금과 후추, 우스터 소스로 간을 맞춘다.

채식주의자가 있다면 비프스톡은 야채스톡으로 대체될 수 있고, 흑맥주의 향이 싫다면 같은 양의 스톡으로 대체할 수 있다.

군침도는 겨자소스

옐로우 머스타드 씨드 3 큰술
브라운 머스타드 씨드 3 큰술
머스타드 파우더 1 큰술
라거 맥주 3 큰술(머스타드씨드와 기타 재료들이 충분히 잠길 정도로 준비)

애플사이다 식초 혹은 화이트 와인 식초 2 큰술
소금 2 작은술
커민 한 꼬집
꿀 3 큰술

1. 머스타드 씨드를 절구나 사발에 넣고 살짝 부서질 정도로만 빻는다.
2. 작은 믹싱볼에 빻은 머스타드 씨드를 붓고 머스타드 파우더와 맥주도 넣는다.
3. 머스타드 씨드에 맥주가 잘 스며들도록 10분 정도 두었다가 남은 재료를 전부 넣고 섞는다.
4. 뚜껑을 덮고 냉장고에 하룻밤 숙성시킨다. 냉장 보관하면 3달 정도 보관 가능하다.

커리 토마토소스

토마토 케첩 1 컵
카레 가루 4 큰술
파프리카 파우더 2 작은술, 기호에 따라 맵거나 맵지 않은것으로 선택

우스터 소스 2 작은술
꿀 2 큰술 작은술
칠리 파우더 한 꼬집
물 1 작은술

1. 모든 재료를 중간 크기 믹싱볼에 넣고 꼼꼼히 섞는다.
2. 냉장고에 하룻밤 숙성시킨 후 밀폐 용기에 보관한다.

페타 치즈 엉겅퀴 소스

아티초크 하트 통조림 370g
시금치 225g, 잘게 다져서
크림치즈 225g, 부드럽게 해서 준비
페타 치즈 ½ 컵

체더치즈 ½ 컵, 잘게 조각내서
그릭 요거트 1 컵
굵은 고춧가루 2 작은술

1. 오븐을 175°C로 예열한다.
2. 푸드 프로세서에 아티초크 하트, 시금치, 크림치즈를 넣고 펄스 모드로 간다. 다만 아티초크가 씹히는 식감을 위해 너무 곱게 갈지 않도록 한다.
3. 캐서롤 접시에 2에서 만든 아티초크 혼합물을 넣은 후 나머지 재료들을 넣는다. 모든 재료가 잘 어우러지도록 섞는다.
4. 캐서롤 접시를 오븐에 넣고 약 15분 동안 굽는다. 따뜻할 때 크레커와 함께 먹으면 환상이다.

과카 몰리

큰 아보카도 2 개, 껍질을 벗기고 으깨서
중간크기 토마토 1 개, 깍둑썰어서
쪽파 1~2단, 가늘게 잘라서
다진 고수 1 작은술

할라피뇨 고추 ½ ~ 1 개, 씨를 제거하고 잘게 썰어서
소금 ½ 작은술, 취향에 따라 조금 더 준비

1. 중간 크기 볼에 아보카도를 넣고 으깬다.
2. 다른 모든 재료를 넣고 잘 어우러지도록 섞는다.

과카몰리는 다양한 베리에이션이 있으므로 라임이나 마늘 혹은 좋아하는 향신료를 추가로 첨가하여 여러분만의 과카몰리를 만들어보는 것도 추천한다.

마늘 마요네즈

마늘 2 톨, 빻거나 다져서
코셔 소금 ¼ 작은술
마요네즈 ½ 컵

올리브 오일 1½ 큰술
레몬즙 몇방울

1. 작은 믹싱볼에 마늘과 소금을 넣고 으깬다.
2. 남은 재료를 전부 믹싱볼에 넣고 섞는다. 뚜껑이 있는 용기에 옮겨 담는다. 냉장 보관하면 2~3일 정도 두고 먹을 수 있다.

대장님의 간단 맥 앤 치즈

준비 시간: 20 분   조리 시간: 20 분   분량: 8 인분

곁들이면 좋은 것: 앰버 맥주, 화이트 와인, 마늘빵

푸실리 파스타 450g
가염 버터 ¼ 컵, 베이킹 팬에 바를 용도로 조금 더 준비
마늘 1~2 톨, 다져서
밀가루 ¼ 컵
머스타드 파우더 1 작은술
소금 한 꼬집
후추 한 꼬집
라거 맥주 ¾ 컵
우유 2 컵
잘게 조각낸 모짜렐라 치즈 2 컵
잘게 조각낸 체더치즈 3 컵,
　　　한컵씩 나누어 담아서 준비
페퍼로니 1 컵, 두껍게 깍둑썰어서
파마산치즈 2 큰술, 갈아서

> 저희 여관에 처음 오신 분이라면 선술집에 생쥐가 있다는 걸 매우 불쾌하게 생각하실 수 있지만, 새로운 메뉴를 테스트하는 데 있어서 대장님보다 더 좋은 조수는 없습니다. 이 요리도 대장님의 작품 중 하나이지요. 우리 여관에서 가장 인기 있는 안주랍니다!

1. 오븐을 205°C로 예열한다.
2. 푸실리를 포장지에 적힌 조리법에 따라 알덴테로 삶는다. 물기를 빼고 잠시 한쪽으로 치워둔다.
3. 푸실리를 삶는 동안 큰 베이킹 팬에 버터를 바르고 잠시 한쪽으로 치워둔다.
4. 중간 크기의 냄비에 버터를 넣고 중불에서 녹인다. 다진 마늘을 넣고 먹음직스러운 향이 올라올 때까지 1분 정도 볶는다.
5. 냄비에 밀가루, 머스타드 파우더, 소금, 후추를 넣고 밀가루가 뭉치지 않도록 잘 볶는다. 맥주와 우유를 넣고 약간 걸쭉해질 때까지 끓인다.
6. 그 후 냄비에 모짜렐라와 체더치즈 2컵을 넣고 완전히 녹을 때까지 저은 후 불에서 내린다.
7. 페퍼로니와 삶아둔 파스타 면을 냄비에 넣고 골고루 섞는다. 3에서 준비한 베이킹 팬에 냄비의 내용물을 전부 떠넣고 남은 체더치즈와 파마산 치즈를 올린다.
8. 맥 앤 치즈의 윗면이 노릇노릇해질 때까지 15~20분 동안 굽는다. 완성된 맥 앤 치즈는 너무 뜨거우니 오븐에서 꺼내 5분 정도 식혔다가 먹으면 좋다.

닉스마라스 나초

준비 시간: 10 분　　　굽는 시간: 약 10 분　　　분량: 2 ~ 4 인분

곁들이면 좋은 것: 넘치도록 따른 맥주, 바비큐, 공대원들과 함께하는 식사

블루콘칩 280~370g
양파 1 개, 깍둑썰어서 (적양파)
중간크기 초록색 피망 ½ 개, 깍둑썰어서
할라피뇨 1 개, 다져서
검정 강낭콩 1 컵
그린 살사 1 컵
아티초크 하트 통조림 250g, 국물을 따라내고 4등분해서
중간 크기 아보카도 1 개, 깍둑썰어서
칼라마타 올리브 슬라이스 ¼ 컵
체더치즈 230g, 잘게 조각내서

1. 오븐을 190°C로 예열한다.
2. 베이킹 팬 바닥에 준비된 블루콘칩을 절반 정도를 겹쳐서 깐다.
3. 그 위에 토핑의 반을 올리고, 그 위에 나머지 블루콘칩과 남은 재료들을 올린다.
4. 예열한 오븐에 치즈가 녹고 윗면이 노릇노릇해질 때까지 약 10분간 굽는다.
5. 앞접시나 쟁반에 옮겨 담고 따뜻할 때 먹는다.

낙스라마의 저주로부터 영감을 받은 이 색다른 안주는 모임에서 새로운 친구들과 나눠 먹기에 안성맞춤입니다. 켈투자드를 성공적으로 물리친 모험가들도 입을 모아 매~우 맛있.다.고 칭찬한 것은 공공연한 사실이지요!

듀로타 전사의 파이

준비 시간: 20 분　　　굽는 시간: 1 시간 20 분　　　분량: 4 인분

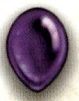

곁들이면 좋은 것: 맥주, 맷돼지단 돌격수 양배추 볶음 (89 쪽)

큰 러셋 감자 4 개
올리브 오일 1 큰술
가염 버터 1 큰술
마늘 한 톨, 다져서
다진 소고기 혹은 돼지고기
소시지 450g, 소시지의 경우
케이싱을 제거하고 잘게 다져서

밀가루 2 큰술
흑맥주 혹은 소고기 육수 1 컵
채소 믹스 1½ 컵
소금 ½ 작은술
타임, 로즈마리, 세이보리와 같은
향이 좋은 말린 허브 ½ 작은술
후추 한 꼬집

토핑:
우유 ½~1 컵
가염 버터 2 큰술
파마산 치즈 ¼컵, 갈아서
소금

감자 굽기:

1. 오븐을 175°C로 예열한다. 감자에 올리브유를 바르고 안쪽까지 골고루 익도록 날카로운 칼로 칼집을 낸다. 감자의 껍질이 바삭바삭해지고 부드럽게 익을 때까지 오븐 트레이에 올려 약 한 시간 동안 굽는다.

2. 감자가 구워지는 동안 파이 속을 만든다. 중간 크기 프라이팬을 중불에 올리고 버터와 마늘을 넣는다. 마늘이 황금빛이 될 때까지 볶는다.

3. 프라이팬에 소시지나 다진 쇠고기를 넣고 완전히 갈색이 될 때까지 약 5분간 볶는다. 밀가루를 넣고 밀가루가 뭉치지 않도록 잘 섞는다. 마지막에 맥주나 소고기 육수를 넣고 채소 믹스를 넣는다.

4. 파이 속이 걸쭉해질 때까지 약 5~10분 동안 끓인다. 바닥에 눌어붙지 않게 계속 저어야 한다. 취향에 맞게 소금, 허브, 후추를 넣고 파이 속이 충분히 졸아들 때까지 끓인다. 불에서 내린 후 잠시 한쪽으로 치워둔다.

5. 감자가 다 구워지면 오븐에서 꺼내고 오븐을 190°C로 예열한다.

토핑 만들기:

1. 구운 감자의 윗부분을 조심스럽게 잘라내고 껍질이 찢어지지 않게 조심스럽게 속을 파낸다. 감자 껍질은 잠시 한쪽으로 치워둔다.

2. 작은 믹싱볼에 1에서 파낸 감자와 버터를 넣고 우유를 넣어가며 뭉치지 않게 잘 섞어서 매쉬드 포테이토를 만든다. 마지막으로 치즈를 넣고 입맛에 맞게 소금으로 간을 한다.

완성하기:

1. 감자 껍질을 파이속으로 채운다. 가능한 한 많이 넣기 위해 꾹꾹 눌러 담고 감자 껍질 위로 파이 속이 올라와도 상관없다.

2. 매쉬드 포테이토를 파이속에 채운 감자 위에 펴 바른다. 이쁜 모양을 원한다면 매쉬드 포테이토를 짤주머니에 넣어 감자 위에 짜준다.

3. 매쉬드 포테이토가 노릇노릇한 갈색이 되기 시작할 때까지 20~25분 정도 오븐에서 굽는다. 만약 바삭바삭한 식감을 원한다면 오븐 제일 윗단으로 옮겨 조금 더 굽도록 한다. 다만, 너무 오래 구우면 탈 수도 있으니 주의한다.

4. 앞접시에 담아 맛있게 먹는다.

리로이의 화난 닭 경단

준비 시간: 10 분   굽는 시간: 25 분   분량: 약 30 ~ 40 개

곁들이면 좋은 것: 따뜻하게 데운 애플사이다, 강력한 보스 몬스터와의 대결

치킨 소시지 350g
밀가루 1 컵
베이킹파우더 1½ 작은술
소금 한 꼬집
칠리 파우더 한꼬집
후추 한꼬집
체더치즈 230g, 잘게 조각내서
무염 버터 3큰술, 녹여서
물 ¼~½ 컵 정도, 넉넉하게 준비

> 이 닭고기 경단은 전사의 광기를 끌어올리는 것으로 알려져 있습니다! 바다 밑바닥에서 거대한 크라켄을 유인하기 위하여! 그리고 전 세계의 굶주린 모험가들의 식욕을 충족하기 위하여!

1. 오븐을 205°C로 예열하고 베이킹 팬에 유산지를 깐다.
2. 닭고기 소시지를 푸드 프로세서에 넣고 펄스 모드로 곱게 간다. 잠시 한쪽으로 치워둔다.
3. 큰 믹싱볼에 밀가루, 베이킹파우더, 소금, 칠리 파우더, 후추를 넣고 섞는다. 마지막으로 체더치즈를 넣고 잘 섞는다.
4. 믹싱볼에 갈아둔 닭고기 소시지와 녹인 버터를 넣는다. 밀가루와 닭고기가 잘 섞이도록 한다. 너무 뻑뻑하다면 물을 조금씩 넣어가며 섞는다.
5. 닭고기를 한입 크기의 경단 모양으로 빚어서 준비된 베이킹 팬 위에 올린다.
6. 닭고기 경단이 약 25분 동안 노릇노릇해질 때까지 굽는다. 따뜻할 때 먹는 것이 가장 좋다. 만약 식었다면 175°C로 예열된 오븐에서 약 10분 동안 데워서 먹는다.

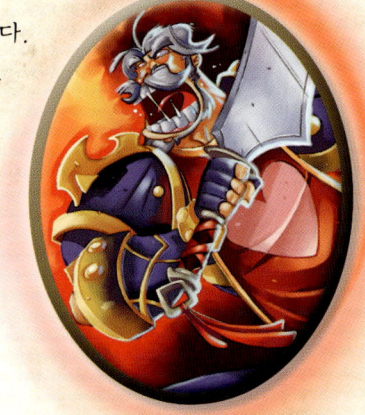

변이된 파이

준비 시간: 5 분   굽는 시간: 20 분   분량: 16 개

곁들이면 좋은 것: 달달한 처트니, 매콤한 후무스, 레드 와인

냉동 퍼프 페이스트리 생지 500g, 해동해서
양고기 소시지
~~비프 소시지~~ 450g
달걀물, 달걀 1 개 분량
포피 씨드 혹은 참깨 (선택사항)

1. 오븐을 205°C로 예열하고, 베이킹 팬에 유산지를 깐다.
2. 퍼프 페이스트리 생지를 펴고 세로로 길게 자른다. 이렇게 반복해서 총 16개의 동일한 크기의 페이스트리 반죽을 만든다.
3. 소시지를 알맞게 잘라서 각각의 페이스트리 반죽 위에 올린다. 페이스트리 반죽 끝에 달걀물을 바른 후 페이스트리 반죽을 말아서 소시지 파이를 만든다.
4. 준비된 베이킹 팬에 소시지 파이를 가지런히 올린다. 롤 표면에 달걀물을 바른다. 원한다면 포피 씨드나 참깨를 뿌려서 장식한다.
5. 페이스트리가 부풀어 오르고 먹음직스러운 황금빛이 될 때까지 약 25분간 굽는다. 갓 구워진 파이는 매우 뜨거우니 살짝 식힌 뒤 먹는다.

뜨거운 전장 속에서 여러분은 손이 떨릴 정도로 강력한 괴물을 마주하고 있습니다. **펑!!!!** 이제 여러분 앞에는 강력한 적이 아닌 맛있는 저녁 식사가 있습니다. 정말 다행입니다! 저녁 식사가 다시 무시무시한 괴물로 변하기 전에 빨리 먹어 치우세요!

무적의 치즈말이

준비 시간: 5 분   조리 시간: 15 분   분량: 8 개

곁들이면 좋은 것: 뜨거운 토마토수프

식빵 혹은 통밀빵 8 조각
슬라이스 체더치즈 8 조각
무염 버터 ¼ 컵

1. 식빵을 밀대로 밀어서 납작하게 만든다. 식빵의 껍질 부분과 울퉁불퉁한 가장자리를 날카로운 칼로 잘라낸다. 잘라낸 빵조각은 동료들과 나눠 먹는다.
2. 평평하게 만든 식빵 조각 위에 치즈를 올린다. 빵이 찢어지지 않게 조심하면서 꾹꾹 눌러가면서 돌돌 만다.
3. 넓은 프라이팬에 버터를 넣고 중불에 올린다. 버터가 지글지글 끓기 시작하면 식빵의 봉합 면이 아래로 가게 치즈말이를 넣는다.
4. 치즈가 녹아 흘러내리기 시작하면 뒤집는다. 식빵의 모든 면이 갈색이 되면 완성이다. 반드시 식기 전에 먹는다.

최고의 간식은 뭐라고 생각하시나요? 이보다 더 좋은 간식이 있을까요? 구운 식빵과 치즈라는 간단한 조합이지만 수프에 찍어 먹으면 천상의 맛을 경험할 수 있지요. 친선 경기나 투기장에서 친구들과 나누어 먹기에 가장 이상적인 간식이랍니다!

험상궂은 손님의 그레이비 맛감자

준비 시간: 약 25 분   분량: 사람에 따라 다르지만 보통 2 ~ 4 인분

곁들이면 좋은 것: 맥주, 라이벌과 함께 하는 식사

냉동 맛감자 1kg
맛좋은 고기소스 (54쪽) 1 회분
신선한 치즈 커드 ~~1 컵~~ 2 컵

1. 맛감자는 포장지에 적힌 조리법대로 튀기거나 오븐에 굽는다. 이때 반드시 딱딱하다고 느낄 정도로 바싹바싹하게 튀겨야 추후에 눅눅해지는 걸 방지할 수 있다.
2. 완성된 맛감자는 접시에 담아 잠시 한쪽으로 치워둔다.
3. 신선한 치즈 커드를 맛감자 위에 펴 바르고 그 위에 뜨거운 그레이비소스를 붓는다. 식기 전에 먹는다.

자~ 여러분! 어서 와서 이것 좀 먹어보세요! 감칠맛 넘치는 고기 소스와 녹진한 치즈가 어우러진 이 훌륭한 요리는 매일 먹어도 질리지 않는답니다!

말퓨리온 마쉬

준비 시간: 25 분   굽는 시간: 30 분   분량: 24 개

곁들이면 좋은 것: 맛좋은 고기소스 (54 쪽)

커다란 러셋 감자 2 개
마늘 2~3 톨
달걀 2개, 살짝 풀어서
소금 ½ 작은술
후추 한 꼬집
체더치즈 1 컵, 잘게 조각내서
바싹 구운 베이컨 조각 ¼ 컵(선택사항)
그레이비 소스 (선택사항)

가니쉬: 생 차이브 혹은 파슬리 (선택사항)

1. 오븐을 190°C로 예열하고 베이킹 팬에 유산지를 깐다.
2. 감자를 껍질째 대충 다지고 냄비에 마늘을 함께 넣고 중불에 올린다.
3. 감자와 마늘이 부드럽게 삶아질 때까지 15분~20분 정도 삶는다. 체에 걸러 물기를 뺀 후 믹싱볼로 옮겨서 으깬다. 으깬 감자는 약 3컵 정도의 분량이 나와야 한다.
4. 달걀, 소금, 후추, 체더치즈, 베이컨 조각들을 으깬 감자가 담긴 믹싱볼에 넣는다. 모든 재료가 어우러지도록 꼼꼼히 섞는다.
5. 준비된 베이킹 팬 위에 큰 테이블스푼으로 으깬 감자를 2.5cm 간격으로 떠 넣는다.
6. 감자가 노릇노릇해지고 쿠키처럼 단단해질 때까지 약 30분 동안 굽는다.
7. 잘 구워진 감자를 차이브나 파슬리로 장식하고, 그레이비소스를 뿌린다. 소스를 찍어 먹는 걸 선호한다면 찍어 먹는 것도 상관없다. 따뜻할 때 먹는 게 좋다.

> 고대 드루이드들도 때때로 영양가를 보충해야 한답니다. 대지와 숲의 수호자 말퓨리온 스톰레이지도 마찬가지지요. 말퓨리온은 바싹하게 구운 으깬 감자 몇 조각을 간식으로 먹는 것을 좋아한다고 합니다. 특히 그레이비소스에 담가 두고 축축하게 먹는 방법을 좋아한다네요.

핫도그들을 풀어라!

준비 시간: 15 분　　　굽는 시간: 12 ~ 15 분　　　분량: 48 개

곁들이면 좋은 것: 커리 토마토소스 혹은 군침도는 겨자소스 (54 쪽)

핫도그용 소시지 8 개
무염버터 ½ 컵, 녹여서 준비
설탕 ¼ 컵
꿀 ¼ 컵
달걀 2 개
버터 밀크 1 컵
옥수수가루(콘밀) 1 컵
베이킹소다 ½ 작은술
밀가루 1 컵, 필요한만큼 여유롭게 준비
소금 ½ 작은술
할라피뇨 고추, 다져서 (선택사항)

> 메뉴를 고르기 어렵나요? 그럼, 저희 여관의 특제 핫도그를 추천해 드립니다! 제가 이 핫도그를 손님들에게 몇 번 추천해 드린 적이 있는데, 다들 게눈감추듯 먹어 치우곤 했지요. 심지어 직접 사냥한 고기만 먹는다고 알려진 노련한 사냥꾼 렉사르조차도 가끔 여관을 들러 이 핫도그로 저녁을 때우곤 한답니다.

1. 오븐을 190°C로 예열하고 미니 머핀팬에 기름을 꼼꼼히 바른다.
2. 소시지를 약 2.5cm 정도의 크기로 자른다.
3. 큰 믹싱볼에 버터, 설탕, 꿀, 달걀을 넣고 섞는다. 준비한 버터밀크의 절반 정도와 옥수수가루, 베이킹 소다를 넣고 뭉치는 부분이 없도록 꼼꼼히 섞는다.
4. 남은 버터밀크와 밀가루, 소금(만약 사용한다면 할라피뇨도)을 넣는다. 반죽의 상태는 너무 묽지도 않고 너무 빽빽하지도 않은, 숟가락으로 떠넣기 좋은 상태의 상태여야 한다. 따라서 밀가루 양을 조금씩 조절해 가면서 반죽의 상태를 조절한다.
5. 숟가락을 사용하여 반죽을 각각의 머핀 팬에 절반 정도 떠 넣는다. 소시지 조각을 각 머핀 팬의 반죽 가운데 부분에 꽂아 넣는다.
6. 반죽의 윗부분이 황금색으로 변하기 시작할 때까지 12~15분 동안 굽는다.
7. 핫도그가 잘 구워졌다면 오븐에서 꺼내고, 핫도그를 머핀 팬에서 분리하기 전에 10~15 분 정도 팬닝된 상태로 식힌다. 그렇지 않으면 핫도그 반죽과 핫도그 소시지가 분리될 수도 있다. 커리 토마토소스 혹은 군침도는 겨자소스(54 쪽)를 곁들여 함께 따뜻할 때 먹는다.

병력 소집

준비 시간: 15 분 　　발효 시간: 1 시간 　　굽는 시간: 30 분
　　　　　　　　　　분량: 약 72 개

곁들이면 좋은 것: 군침도는 겨자소스, 가득 따른 맥주

따뜻한 물 1½ 컵 　　버터 1 <u>작은술</u>, 녹여서 (1 큰술) 　　달걀 1 개, 물을 조금 넣고
소금 1 작은술 　　　중력분 4 컵, 덧가루용으로 　　　풀어서
황설탕 2 큰술 　　　조금 더 준비 　　　　　　　　천일염, 토핑용으로
인스턴트 이스트 2¼ 작은술 베이킹 소다 ⅓ 컵
　　　　　　　　　　물 6~8 컵

1. 큰 믹싱볼에 물, 소금, 황설탕, 이스트를 넣는다. 소금과 설탕이 모두 녹고 이스트가 잘 풀릴 때까지 젓는다.
2. 믹싱볼에 녹인 버터를 넣고 섞은 다음 중력분을 한 컵씩 넣어가며 잘 섞는다.
3. 반죽이 더 이상 끈적거리지 않고 매끈한 상태가 되면, 반죽을 밀가루를 뿌려둔 작업대 위로 옮긴다. 중력분을 조금씩 추가해 가면서 찔렀을 때 다시 튀어나오는 탄탄한 반죽이 될 때까지 반죽한다.
4. 완성된 반죽을 기름칠한 그릇에 옮기고, 수건으로 덮은 다음 따뜻한 곳에서 한 시간 정도는 크기가 대략 두 배가 될 때까지 발효시킨다.
5. 오븐을 220°C로 예열하고 베이킹 팬에 유산지를 깐다.
6. 중간 크기의 냄비에 베이킹 소다를 6~8컵의 물과 함께 넣고 센 불에서 끓인다.
7. 잘 발효된 반죽을 주먹으로 살살 쳐서 공기를 뺀 다음 사 등분 한다. 각 반죽을 2.5cm 두께보다 얇게 밀어낸 후 한 입 크기로 자른다.
8. 한입 크기로 자른 반죽을 한 번에 여러 개씩 끓는 물에 떨어뜨린다. 가라앉았다가 물 위로 떠 오른 후 약 20초에서 30초 정도 지나면 부풀어 오를 것이다. 반죽이 떠올라서 부풀어 오르면 건져서 베이킹 팬 위에 올려놓는다. 반죽의 반을 사용할 때까지 반복한다. 보편적인 가정의 오븐에서 2번 구울 수 있는 분량이다.
9. 준비된 베이킹 팬에 반죽끼리 서로 닿지 않도록 배열한 후, 반죽 겉면에 달걀물을 바르고 소금을 취향껏 뿌린다.
10. 겉면이 노릇노릇해질 때까지 15분 정도 굽는다. 남은 반죽도 똑같이 굽는다. 군침도는 겨자소스(54페이지)와 함께 따뜻할 때 먹는 것이 가장 좋다.

토르톨란의 훌륭한 피자달라!

준비 시간: 5 분   조리 시간: 15 분   분량: 피자달라 2 개

곁들이면 좋은 것: 좋아하는 소스, 가득 따른 맥주, 코울슬로와 같은 식감이 있는 샐러드

올리브유 1 큰술   슈래디드 모짜렐라 치즈 240g
중간크기 밀또띠아 4 장   파마산 치즈 ~~85g~~ 56g, 갈아서
피자 소스 1 컵   피자 토핑, 취향껏

1. 그릴이나 오븐을 가장 높은 온도로 예열한다.
2. 프라이팬이나 스칼렛에 기름을 약간 두르고 중불에 올린다. 피자의 도우가 될 또띠아 4장을 준비한다. 먼저 두 장의 또띠아 사이에 준비한 소스의 절반을 덜어 바르고 모짜렐라 치즈 ¼을 얹는다.
3. 소스와 치즈를 채운 또띠아를 프라이팬에 올리고 양면이 노릇해질 때까지 굽는다. 그 후 베이킹 팬으로 옮긴다. 나머지 또띠아 두 장도 똑같이 반복한다.
4. 프라이팬에 구운 또띠아 위에 남은 소스, 치즈, 취향에 맞는 추가 토핑을 올린다. 치즈가 녹아서 노릇노릇해질 때까지 오븐의 제일 아래 칸에서 굽는다. 인원수에 맞게 여러 조각으로 자르고 좋아하는 소스를 곁들여 먹는다.

> 토르톨란이 손이 빠른 종족은 아니지만, 토르톨란의 피자는 눈 깜짝할 사이에 준비될 수 있습니다. 이 피자는 집에서 1차로 술을 몇 잔 걸치고 2차로 선술집에 오는 친구들에게 인기가 많습니다.

SI:7 토스트

준비 시간: 5 분   조리 시간: 15 분   분량: 2 인분

곁들이면 좋은 것: 품질 좋은 에일 맥주, 진한 수프나 스튜, 믿을 만한 첩보

식빵 2 장
가염 버터 2 큰술
샬롯 1 개, 다져서
체더치즈 1 컵, 갈아서
좋아하는 맥주 ~~1 컵~~ ¼ 컵
머스타드 1 작은술
우스터 소스 1mL
소금 한 꼬집
달걀노른자 2 개, 살짝 풀어서
후추, 기호에 맞게 준비

> 누가 이 요리를 메뉴에 추가해달라고 요청했는지는 알 수 없습니다. 변장한 수상쩍은 남자가 이런 식으로 토스트를 만들어 달라는 요청을 하곤 했다는 것만 기억납니다. 다른 손님들 눈에도 맛있어 보였는지 한명 두명 따라 시키기 시작했습니다. 어느 순간, 이 황금빛 치즈 토스트는 선술집에서 너도나도 시키는 안주가 되었고 정식 메뉴에 올라가게 되었습니다.

1. 식빵을 프라이팬에 노릇노릇하게 굽는다. 식빵을 굽는 동안 그릴을 강불로 예열한다.
2. 냄비에 버터를 넣고 중불에서 녹인다. 샬롯을 넣고 투명해지고 맛있는 냄새가 날 때까지 볶는다.
3. 냄비에 치즈, 맥주, 머스타드, 우스터소스, 소금을 넣는다. 치즈가 녹을 때까지 저은 다음 달걀노른자를 넣는다. 모든 재료가 잘 섞이고 걸쭉해지면 소스는 완성이다.
4. 완성된 소스를 구운 식빵 조각 위에 숟가락으로 떠서 발라준다.
5. 식빵을 그릴에 올리고 양면이 노릇노릇한 갈색이 될 때까지 굽는다.
6. 취향껏 후추를 뿌리고, 식기 전에 먹는다.

프라우드무어의 모둠한상

준비 시간: 10 분   분량: 그때 그때 다르다

곁들이면 좋은 것: 리로이의 화난닭 경단 (63 쪽)

필수 구성 요소는 다음과 같습니다.

치즈: 모둠한상의 맛의 중심을 잡는 치즈는 어떤 종류든 좋습니다. 제이나는 고급스럽고 부드러운 치즈를 선호하고, 발리라는 주머니에 넣을 수 있는 단단하고 날카로운 체더를 선호한다고 합니다. 저요? 블루나 스틸턴 같은 자극적인 치즈가 최고죠! 질리지 않거든요.

빵: 빵은 치즈와 각종 소스를 곁들여 먹어야 하므로 딱딱하고 투박할수록 좋습니다. 만약 그렇다 할 빵이 없다면 감자칩이나 크래커도 좋습니다.

과일: 사과, 딸기, 포도 등 모든 과일이 가능합니다. 신선한 제철 과일이 좋지만, 건과일도 좋은 선택이 될 수 있습니다.

채소: 모둠한상의 구성을 생각한다면 약간의 채소는 이상적인 구성 중 하나입니다. 구운 주키니나 토마토도 좋습니다.

견과류: 모둠한상에 식감을 더하는 역할을 합니다. 특히 치즈와 잘 어울리지요. 일반적인 견과류나 소금이나 설탕을 뿌린 것 등 취향에 맞게 자유롭게 선택할 수 있습니다.

피클: 살짝 매콤한 맛이 나는 피클은 어떤 재료랑도 잘 어울리는 훌륭한 선택입니다. 또한 맛 조화를 위해 처트니를 곁들이는 것도 좋은 방법입니다. 올리브는 필수라는걸 잊지 마세요!

고기: 살라미, 페퍼로니, 그 밖의 햄 종류는 완벽한 선택이지만, 만약 좀 더 특별한 것을 원한다면, 훈제 생선도 좋습니다. 채식주의자가 있다면 삶은 달걀을 추가하는 것도 좋습니다.

맥주, 와인 또는 칵테일: 모둠한상에 있어서 가장 중요한 부분입니다. 술이 없다면 안주를 먹을 이유가 없지요!

위의 모든 재료를 큰 도마 위에 보기 좋게 배열한 다음 먹어 치우세요!!

이 모둠 한상은 제이나가 여관에 들를 때마다 항상 즐겨 찾는 메뉴입니다. 그때그때 가지고 있는 맛있는 재료들로 만들어지죠. 제 입장에서도 그녀가 예상치 못한 손님과 함께 포털에서 나타날 때 인원수에 맞게 양을 조절할 수 있고, 호불호도 크게 갈리지 않기 때문에 이 메뉴를 선호합니다.

브론즈비어드의 모둠 안주

준비 시간: 5 분   굽는 시간: 25 분   분량: 8 컵

곁들이면 좋은 것: 맥주, 맥주 그리고 맥주, 좋은 퀘스트

모둠 견과류 2 컵
가염 버터 6 큰술, 녹여서
우스터 소스 2 큰술 (구할 수 있으면 황금콜 소스도 좋다)
허브 솔트 혹은 맛소금 1 작은술
후추 한 꼬집

잘게 다진 로즈마리 1 작은술
카이엔 페퍼 ¼~½ 작은술
황설탕 ~~3 큰술~~ 1 큰술
좋아하는 시리얼 5 컵
프레첼 과자 1 컵

1. 오븐을 175°C로 예열한다.
2. 견과류를 베이킹 팬에 넣고 고소한 냄새가 날 때까지 10분 정도 굽는다.
3. 견과류를 굽는 동안 시즈닝을 만든다. 작은 믹싱볼에 버터, 우스터 소스, 소금, 후추, 로즈마리, 카이엔 페퍼, 황설탕을 넣고 뭉치는 부분이 없도록 꼼꼼히 섞는다. 잠시 한쪽으로 치워둔다.
4. 견과류가 다 구워지면 큰 믹싱볼로 옮겨 담고 3번에서 만든 시즈닝을 절반 정도 부은 다음 골고루 섞는다.
5. 큰 믹싱볼에 시리얼과 프레첼 조각을 넣는다. 남은 시즈닝을 넣고 견과류와 시리얼에 시즈닝이 골고루 묻을 수 있도록 섞는다.
6. 견과류와 시리얼을 베이킹 팬에 다시 넣고 뒤적였을 때 바삭바삭한 소리가 날 때까지 5분에서 10분 정도 더 굽는다. 따뜻할 때 먹으면 더 맛있다.

그 어떤 종족도 브론즈비어드 부족처럼 마시지 못합니다. 브론즈비어드 부족들은 선술집에 성큼성큼 들어와서 밤새 맥주를 끊임없이 들이켜곤 하지요. 그래서 저는 그들을 위해 맥주와 어울리는 중독성 있는 짭짤한 안주를 준비해 놓곤 한답니다.

수상한 요리사의 가을 특선

준비 시간: 15 분   굽는 시간: 25 ~ 30 분   분량: 약 18 개

곁들이면 좋은 것: 샤프 체더치즈, 늦가을 오후

반죽
물 1 컵
가염 버터 ½ 컵, 몇 조각을 나누어서
중력분 1 컵
달걀 4 개, 살짝 풀어서
잘게 간 체더치즈 ½ 컵, 가니쉬 용으로 조금 더 준비
파마산 치즈 ¼ 컵, 갈아서
말린 세이보리 혹은 타임 한 꼬집

필링
가염 버터 2큰술
펌킨파이 스파이스 ½ 작은술
커다란 허니크리스피 사과 혹은 갈라 사과 2 개, 씨를 제거하고 깍둑썰어서
물 2 큰술
꿀 1~2 큰술
애플사이다 식초 1 큰술

퍼프 굽기:
1. 오븐을 190°C로 예열하고 바닥이 두꺼운 베이킹 팬에 유산지를 깐다.
2. 중간 크기 냄비에 물과 버터를 넣고 중불에 올려 버터가 완전히 녹을 때까지 끓인다. 버터가 완전히 녹았다면 불에서 내리고 냄비에 중력분을 조금씩 붓는다.
3. 팬을 다시 중불에 올리고 반죽이 걸쭉해지고 윤기가 흐를 때까지 저으면서 3~5분 정도 반죽을 익힌다
4. 익힌 반죽을 큰 믹싱볼에 옮기고 핸드믹서로 정도 완전히 식을때까지 젓는다.
5. 반죽에 달걀을 한 번에 한개씩 나누어서 넣어가며 섞는다. 노르스름하고 윤기가 흐르는 반죽이 만들어지면 치즈와 허브를 넣고 섞는다.
6. 반죽을 2.5cm 정도 크기로 떠서 베이킹 팬에 각각 2.5cm 이상 간격을 두고 올린다. 반죽의 양과 떠 놓는 크기에 따라 베이킹 팬이 더 필요할 수 있다.
7. 반죽이 충분히 부풀어 오르고 먹음직스러운 황금색이 될 때까지 약 25분간 굽는다.
8. 오븐에서 꺼낸 후 식힘망으로 옮겨서 식힌다.

필링 만들기:
1. 반죽이 구워지는 동안, 작은 소스팬에 버터를 넣고 중불에서 녹인다.
2. 소스팬에 펌킨파이 스파이스와 사과를 넣고 사과가 부드러워질때까지 약 5분간 조린다.
3. 물, 꿀, 애플사이다 식초를 넣고 필링이 걸쭉해지기 시작할 때까지 5분 정도 더 조린다.
4. 반죽이 다 구워지면 윗부분을 조심스럽게 잘라내고 필링을 골고루 채운다. 잘라낸 윗부분은 뚜껑으로 사용할 수 있게 잠시 한쪽으로 치워둔다.
5. 구워진 반죽마다 체더치즈를 한 꼬집씩 올리고 뚜껑을 조심스럽게 덮는다. 따뜻할 때 먹는다.

크로마구스의 라면 곱빼기

준비 시간: 10 분   조리 시간: 30 분   분량: 넉넉한 2 인분

곁들이면 좋은 것: 라거 맥주, 스모크 향이 가미된 차, 완숙 달걀

참기름 1 큰술
마늘 2~3 톨, 다져서
신선한 생강 1 작은술, 갈아서
소고기 육수 4 컵
물 2 컵
간장 1~2 큰술, 취향껏 조금 더 준비
굵은 고춧가루 한 꼬집

양송이 혹은 표고버섯 110g, 슬라이스해서
메밀면 혹은 라면사리 140g
어린잎 시금치 1 컵, 가늘게 채썰어서
중간 크기 당근 1 개, 채썰어서
차이브 혹은 대파 2 큰술, 쫑쫑썰어서

1. 중간 크기의 냄비에 참기름을 두르고 중불에 올린다. 마늘과 생강을 넣고 먹음직스러운 향기가 날 때까지 볶는다.
2. 냄비에 쇠고기 육수, 물, 간장, 굵은 고춧가루, 버섯을 넣고 끓인다.
3. 버섯이 부드럽게 익을 때까지 5~10분 정도 끓인 후 면을 넣는다.
4. 면이 익을 때까지 4~5분 정도 끓인다. 면의 익힘 정도는 취향에 맞게 조절하도록 한다.
5. 시금치와 당근을 넣고 바로 불에서 내린 후 그릇으로 옮겨 담는다.
6. 취향에 맞게 차이브나 파를 고명으로 얹어 맛있게 먹는다.

저는 요리를 할 때 재료의 질을 가장 중요하게 여기기 때문에 제가 구할 수 있는 가장 신선한 언덕골 채소로 라면을 끓인답니다. 크로마구스가 거의 매일 밤 먹어 치우러 왔으니 이 라면이 맛있다는 것은 틀림없습니다!

멧돼지단 돌격수 양배추 볶음

준비 시간: 10 분   조리 시간: 25 분   분량: 2 ~ 4 인분

곁들이면 좋은 것: 듀로타 전사의 파이(61 쪽)

베이컨 5 줄
마늘 2 톨, 다져서
미니 양배추 450g, 다듬고 반으로 잘라서
소금과 후추
파마산 치즈 ¼~½ 컵, 갈아서

1. 오븐을 205°C로 예열하고 베이킹 팬에 유산지를 깐다.
2. 프라이팬을 중불에 올리고 베이컨을 넣는다. 베이컨이 바삭바삭해질 때까지 구운 후 키친타올을 깔아 둔 쟁반으로 옮겨 기름기를 뺀다. 베이컨이 식으면 잘게 부순다.
3. 베이컨을 구웠던 팬에 마늘을 넣고 베이컨 기름과 함께 마늘이 노릇노릇해질 때까지 볶는다. 미니양배추를 넣고 볶은 마늘과 잘 섞이도록 한번 휘저어 준다.
4. 준비된 베이킹 팬에 볶은 마늘과 미니 양배추를 옮겨 담는다. 소금과 후추로 취향에 맞게 간을 한 후 오븐에 넣는다.
5. 양배추가 노르스름해질 때까지 약 20분간 굽는다. 양배추가 타지 않고 골고루 익도록 가끔 뒤적이면서 구워야 한다.
6. 양배추가 잘 익었다면 오븐에서 꺼내 파마산 치즈를 양배추 위에 뿌리고 치즈가 녹을 때까지 1분 정도 오븐에 굽는다.
7. 완성된 양배추에 구워둔 베이컨을 넣고 골고루 버무린다. 앞접시에 옮겨 담는다. 따뜻할 때 먹는다.

> 작은 쿨보어가 시장에 나왔다는 소식이 들린다면, 그날은 선술집의 모든 음식에 쿨보어 베이컨이 들어간다고 봐도 무방합니다. 베이컨 샌드위치, 베이컨 쿠키... 채소 요리와 베이컨은 특히나 잘 어울리죠! 베이컨을 요리할 때면 여관 전체에 맛있는 냄새가 진동을 하고 여관 근처를 지나가는 굶주린 자들을 여관으로 이끌기도 한답니다!

토깽 채소 경단

"이것은 당근이 아니다." —토깽 사부

준비 시간: 45 분   굽는 시간: 30 분   분량: 약 12 개

곁들이면 좋은 것: 마리나라 소스 혹은 커리 토마토소스(54 쪽)

> 텃밭에, 대회에서 우승할 수도 있을 거 같은 엄청난 채소가 자라고 있는데, 어느 날 토깽 무리에게 갉아 먹혔다는 걸 알게 되면 화가 나지 않을까요? 토깽에게 먹힐 바에 차라리 그냥 채소를 잘게 썰어서 성가신 토깽들을 퇴치하는 동안 영양을 보충할 수 있도록 이 맛있는 경단을 만드는 게 더 현명한 선택일 겁니다.

가염 버터 2 큰술, 녹여서
커다란 당근 2~3 개
커다란 구운 감자 1 개
작은 브로콜리 1 개, 줄기를 제거해서

올리브 오일 1 큰술
마늘 1~2톨
소금 1 작은술
후추 ½ 작은술
달걀 2 개

밀가루 1~2컵
우유 ~~1mL~~ 한 방울

1. 오븐을 190°C로 예열하고 베이킹 팬에 유산지를 깐다. 믹싱볼에 녹인 버터와 빵가루를 섞고 잠시 한쪽으로 치워둔다.
2. 중간 크기의 냄비에 물을 반쯤 채우고 중불에 올린다. 모든 채소를 대략 한입 크기로 썬다. 물이 끓으면, 브로콜리는 30초에서 1분 정도, 감자와 당근은 약 10분 정도 데친다. 데친 채소는 물기를 제거하고 잠시 한쪽으로 치워둔다.
3. 푸드 프로세서에 올리브유와 마늘을 넣고 마늘이 잘 갈릴 때까지 펄스 모드로 간다. 그 후 소금과 후추, 데친 채소를 넣고 아주 곱게 간다. 간 채소를 큰 믹싱 볼에 옮긴 다음 달걀 한 개를 넣고 밀가루를 조금씩 넣어가며 적당히 뭉쳐질 수 있을 만한 정도의 반죽을 만든다.
4. 반죽을 원하는 크기로 떼어서 손바닥으로 굴려 경단 모양으로 만든 후 1cm 두께로 납작하게 만든다. 완성된 경단 반죽을 베이킹 팬 위에 놓고, 남은 반죽도 똑같이 만든다. 작은 믹싱볼에 달걀 1개와 우유를 넣고 섞는다.
5. 준비된 경단 반죽을 달걀과 우유 혼합물에 담갔다가 빵가루를 묻혀서 다시 베이킹 팬에 놓는다. 오븐에서 30~35분 동안 노릇노릇해질 때까지 굽는다. 토깽 채소 경단은 미리 만들어 둔 다음 냉동시켜뒀다가 해동해서 오븐에 데워 먹어도 맛있다.

위조된 동전

준비 시간: 10 분   조리 시간: 15 ~ 25 분   분량: 2 ~ 4 인분

곁들이면 좋은 것: 커리 토마토소스 (54 쪽), 혼합물 전문가의 특제 혼합물 (41 쪽)

식용유
중력분 ½ 컵
이탈리안 시즈닝 1 작은술
카이엔 페퍼
할리피뇨 ½ 작은술
물 ½ 컵
딜 피클 2 컵, 국물을 따라내고 슬라이스해서
소금

1. 큰 소스팬에 식용유를 1cm 깊이로 붓고 180°C가 될 때까지 중불로 가열한다.
2. 식용유가 가열되는 동안 중력분, 이탈리안 시즈닝, 카이엔 페퍼, 물을 작은 믹싱볼에 넣고 뭉치는 부분이 없도록 꼼꼼히 섞어서 반죽을 만든다.
3. 키친 타월에 피클을 올려서 물기를 제거하고, 2에서 만든 반죽을 묻혀 노릇노릇해질 때까지 튀긴다.
4. 튀긴 피클은 키친타올을 깔아둔 쟁반에 담아 기름기를 빼고 취향에 맞게 소금으로 간을 한 후 따뜻할 때 먹는다.

최근 혼돈에 빠진 가젯잔의 분위기를 틈타 더 정교하고 음습한 것들을 공급하는 온갖 부류의 비열한 사람들이 우후죽순 생겨나고 있습니다. 어떤 거래에서도 동전처럼 생긴 어음은 받지 마세요! 물론 저희 여관의 동전은 안전합니다!

운고르 잿구덩이 푸딩

준비 시간: 5 분   조리 시간: 10 분   발효 시간: 2 시간   분량: 4 인분

곁들이면 좋은 것: 알코올이 들어간 커피, 타우렌 타플러 (23 쪽)

푸딩
- 백설탕 ½ 컵
- 옥수수전분 3 큰술
- 우유 ¾ 컵
- 스타우트 맥주 ¾ 컵
- 달걀노른자 3 개
- 다크초콜릿 85g, 다져서
- 무염 버터 1 큰술

- 바닐라 익스트랙 ½ 작은술
- 초콜릿 그레이엄 크래커 크럼블 1 컵 (선택사항)
- 시나몬 가루, 생강, 치폴레, 취향껏 (선택사항)
- 뼈와 돌모양 사탕 (선택사항)

휘핑크림
- 생크림 1 컵
- 황설탕
- 스타우트 맥주 3 큰술
- 바닐라 익스트랙 ½ 작은술

푸딩 만들기:
1. 큰 냄비에 설탕과 옥수수전분을 넣고 섞는다.
2. 이어서 우유, 맥주, 달걀노른자, 초콜릿을 넣고 뭉치는 부분이 없도록 꼼꼼히 섞는다.
3. 냄비를 중불에 올리고 시머링한다. 초콜릿이 녹고 반죽이 걸쭉해지면 불에서 내린다.
4. 버터와 바닐라 익스트랙을 넣고 골고루 섞일 때까지 젓는다.
5. 푸딩 반죽을 작은 유리컵 4개에 붓고 굳을 때까지 약 2시간 동안 냉장 보관한다. 더 멋진 푸딩을 만들고 싶다면 그레이엄 크래커, 시나몬 가루, 생강, 치폴레, 사탕을 한데 넣고 섞어서 크래커 믹스를 만든다. 층이 생길 수 있게 푸딩과 크래커 믹스를 번갈아서 유리컵에 넣고 굳혀 푸딩을 만든다.

휘핑크림 만들기:
1. 생크림과 황설탕을 스탠드 믹서에 넣는다. 부드러운 뿔이 생길 때까지 휘핑한다.
2. 휘핑 된 생크림에 맥주와 바닐라 익스트랙을 넣고 다시 부드러운 뿔이 생길 때까지 휘핑한다.
3. 푸딩 위에 생크림을 얹어서 완성한다.

투스카르 행상인의 꼬불꼬불 케이크

준비 시간: 5분 조리 시간: 약 30분 분량: 약 24개

곁들이면 좋은 것: 붉은색 베리류로 만든 소스

식용유 중력분 2컵 소금 한 꼬집
우유 물 2컵 베이킹파우더 1 작은술 슈가파우더, 더스팅용
달걀 2개 시나몬 가루 한 꼬집

1. 바닥이 깊은 프라이팬에 기름을 1cm 이상 붓고 중불로 식용유를 190°C까지 가열한다. 넓은 쟁반에 키친 타올을 깔고 잠시 한쪽으로 치워 둔다.
2. 큰 믹싱볼에 우유와 달걀을 넣고 섞는다. 중력분, 베이킹파우더, 시나몬 가루, 소금을 넣고 뭉치는 부분이 없도록 꼼꼼히 섞는다.
3. 식용유에 소량의 반죽을 떨어뜨려 기름의 온도를 확인한다. 반죽이 가라앉았다가 바로 떠올라 거품이 일 때가 가장 적절한 온도다.
4. 깔때기나 짤주머니의 입구를 손가락으로 막고 반죽을 국자로 떠서 채운다. 반죽이 상당히 묽으므로 흘러내리지 않게 조심해야 한다.
5. 케이크를 튀길 준비가 되면, 반죽이 채워진 깔때기를 뜨거운 식용유 위에 올려놓고 손가락을 입구에서 떼어낸다. 깔때기를 작은 소용돌이 모양으로 움직여 지름 7~10cm의 케이크를 만든다. 프라이팬이 크다면 한 번에 여러 개의 케이크를 튀겨도 상관없다.
6. 케이크의 양 면이 노르스름한 색이 될 때까지 뒤집어 가며 계속 튀긴다.
7. 잘 튀겨졌다면 키친 타올이 깔린 쟁반으로 옮겨서 기름을 빼고 식힌다.
8. 반죽을 다 쓸 때까지 이 과정을 반복한다.
9. 슈가파우더를 취향껏 뿌려서 먹는다.

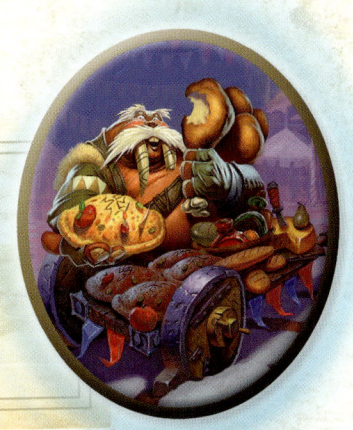

노스랜드에서 온 투스카르 상인에게서 이 레시피를 배웠습니다. 지금은 저희 여관의 주력 메뉴이지요. 여러분은 흔히들 퍼넬 케이크라고 불리는 이 꼬불꼬불한 케이크가 형편없는 당근보다 훨씬 더 맛있다는 것을 믿지 못할 거예요. 일단은 레드베리 소스를 조금 얹어주실래요? 휴!

초-갈의 초-코 도너츠

준비 시간: 20 분　　　굽는 시간: 한판당 10 분　　　분량: 약 24 개

곁들이면 좋은 것: 차가운 우유 한컵, 가벼운 아침식사

도넛
무염 버터 5 큰술
백설탕 ½ 컵
달걀 1 개
바닐라 익스트랙 1 작은술
시나몬 가루 ~~1 작은술~~ ½ 작은술
코코아 파우더 ½ 컵
버터 밀크 ½ 컵
베이킹파우더 1 작은술
소금 한 꼬집
중력분 ¾ 컵

글레이즈
슈가파우더 1½ 컵
코코아 파우더 4 큰술
바닐라 익스트랙 1 작은술
우유 1~2 큰술
스프링클 (선택 사항)

도넛 만들기:
1. 오븐을 175°C로 예열한다. 작은 도너츠 틀에 기름을 살짝 바르고 한쪽으로 치워 둔다.
2. 중간 크기의 믹싱볼에 버터, 설탕을 넣고 휘핑 한 뒤 달걀, 바닐라 익스트랙, 시나몬 가루와 코코아 가루를 넣고 섞는다.
3. 그 후 버터밀크, 베이킹파우더, 소금, 중력분을 넣고 뭉치는 부분이 없도록 꼼꼼히 섞는다. 완성된 반죽을 짤주머니에 옮겨 담는다.
4. 반죽을 도너츠 틀의 잘반 정도를 채운 다음, 도너츠 틀을 오븐에 옮긴다. 반죽이 도넛 모양으로 부풀어 오를 때까지 약 10분 동안 굽는다.
5. 구운 도넛을 식힘망으로 옮긴다. 남은 반죽도 똑같이 반복한다.

글레이즈 만들기:
1. 도넛이 식는 동안 글레이즈를 만든다.
2. 믹싱볼에 설탕, 코코아 파우더, 바닐라 익스트랙을 넣고 걸쭉하지만, 부을 수 있는 상태가 될 때까지 우유를 넣어가며 농도를 맞춘다.
3. 도넛이 적당히 식으면 글레이즈에 담가서 코팅한다.
4. 만약 스프링클을 사용한다면, 글레이즈가 마르기 전에 스프링클을 뿌린다. 도넛은 만든 날 먹는 게 가장 맛있지만 2~3일 정도는 밀폐된 용기에 담아 보관할 수 있다.

야금야금 하스스톤 비스킷

준비 시간: 15 분   굽는 시간: 약 45 분   분량: 24 개

곁들이면 좋은 것: 땅속의 위험 커피(47 쪽), 검은바위 마그마(49 쪽)와 같은 뜨거운 음료 아무거나

무염 버터 4 큰술	소금 한꼬집	박력분 2¼ 컵
설탕 ½ 컵	베이킹파우더 1 작은술	식용색소, 파란색
달걀 2 개	시나몬 가루 1 작은술	
바닐라 익스트랙 2 작은술	생강가루 1 작은술	
아몬드 익스트랙	넛맥 가루 ½ 작은술	
레몬 제스트, 레몬 반개 분량	카다멈 1 작은술 ½ 작은술	

1. 오븐을 175°C로 예열하고 베이킹 팬에 유산지를 깐다.
2. 중간 크기 믹싱볼에 버터와 설탕을 넣고 휘핑한다. 그 후 달걀, 바닐라 익스트랙, 아몬드 익스트랙, 레몬 제스트, 소금, 베이킹파우더, 시나몬 가루, 생강, 넛맥 가루, 카다멈을 넣는다.
3. 박력분을 조금씩 넣어가며 약간 끈적거리지만 잘 뭉쳐지는 상태의 반죽을 만든다.
4. 반죽을 두 조각으로 나누고 한 덩이는 잠시 한쪽으로 치워 둔다.
5. 반죽 하나에 파란색 식용 색소를 취향껏 넣고 섞는다. 색소를 넣은 반죽을 두 개의 타원형으로, 색소를 넣지 않은 반죽도 두 개의 타원형으로 빚는다.
6. 덧가루를 살짝 뿌린 작업대 위에 색소를 넣지 않은 반죽을 올리고, 그 위에 색소를 넣은 반죽을 올린다.
7. 겹쳐진 두 반죽을 세로로 말아 올려서 잘랐을 때 단면에 회오리 무늬가 생길 수 있도록 한다. 나머지 반죽도 똑같이 반복한다.
8. 반죽을 175°C에서 약 25분 동안 구운 후 꺼낸다.
9. 오븐의 온도를 160°C로 낮추고 5분 정도 다시 굽는다
10. 잘 구워진 비스킷 덩어리를 빵칼이나 반죽칼을 사용하여 1cm 정도 두께로 자른다. 자른 비스킷은 베이킹 팬에 일정 간격을 두고 펼쳐 놓는다.
11. 자른 비스킷을 다시 오븐에 넣고 윗부분이 노릇노릇해질 때까지 20분 정도 더 굽는다.
12. 잘 구워진 비스킷을 식힘망으로 옮겨서 식힌다. 충분히 식었다면 밀폐용기에 옮겨 담는다. 약 일주일 정도 보관할 수 있다.

와글와글 통나무

총 걸리는 시간: 40 분   굽는 시간: 10 분   분량: 8~10 인분

곁들이면 좋은 것: 땅속의 위협 커피 (47 쪽), 끈끈한 전우애

케이크

버터, 그레이징용   시나몬 가루 1 작은술   황설탕 1 컵
중력분 1 컵   생강가루 1 작은술   슈가파우더, 덧가루용
베이킹파우더 1 작은술   달걀 4 개
소금 ¼ 작은술   메이플 시럽 ¼ 컵

필링과 토핑

생크림 2 컵   황설탕 2큰술   넛맥가루, 버섯 모양 머랭
메이플 시럽 ¼ 컵   식용 색소, 파란색   쿠키, 크랜베리, 토핑용

케이크 만들기:

1. 오븐을 205°C로 예열하고 커다란 베이킹 팬에 유산지를 깐다. 유산지에 버터를 바르고 잠시 한쪽으로 치워둔다.
2. 작은 믹싱볼에 중력분, 베이킹파우더, 소금, 시나몬 가루, 생강을 넣고 섞는다. 잠시 한쪽으로 치워둔다.
3. 큰 믹싱볼에 달걀과 메이플 시럽, 황설탕을 넣고 균일한 색상이 될 때까지 휘핑한다.
4. 달걀물에 2번에서 만들어둔 케이크 믹스를 조금씩 넣어가면서 뭉치는 부분이 꼼꼼히 섞는다.
5. 준비된 베이킹 팬에 반죽을 붓고, 약간 노릇해질 때까지 약 10분 동안 굽는다.
6. 굽는 동안 슈가파우더를 깨끗한 면포 위에 체로 쳐서 골고루 뿌린다.
7. 케이크가 다 구워지면 케이크 시트를 면포 위에 올리고, 유산지를 조심스럽게 벗겨낸다. 케이크가 식기 전에 면포와 함께 말아 올린다. 그대로 식힌다.

필링과 토핑 만들기:

1. 생크림, 메이플 시럽, 황설탕을 한데 넣고 단단한 뿔이 생길 때까지 휘핑한다.
2. 휘핑한 생크림을 반으로 나누고, 한쪽에 파란색소를 넣는다.
3. 아까 말아둔 케이크 시트가 완전히 식으면, 조심스럽게 편다. 케이크 시트 안쪽에 파란색 생크림을 골고루 펴 바른다. 이번에는 면포를 제외하고 케이크 시트를 말아 올린다. 크림을 너무 많이 넣으면 케이크의 양 끝으로 튀어나올 수 있으니 주의한다.
4. 예리한 칼을 사용하여 롤의 양 끝을 사선으로 몇 센티미터 정도 잘라낸다.
5. 케이크를 멋진 접시에 담고, 잘라낸 양 끝을 활용해 나뭇가지처럼 보이게 장식한다.
6. 이전에 색소를 넣지 않고 남겨둔 흰 생크림을 케이크 전체에 펴 바른다.
7. 케이크를 접시째로 냉장고에 넣어 적어도 30분 동안 굳힌 다음 머랭 버섯과 크랜베리, 넛맥가루로 장식한다.

만찬의 사제의 치즈케이크

준비 시간: 15 분   굽는 시간: 35분 ~ 1 시간   발효 시간: 4 시간

분량: 약 10 인분

곁들이면 좋은 것: 블랙 커피, 차가운 화이트 와인

파이지
무염 버터 6 큰술
그레이엄 크래커 크럼블 1½ 컵
설탕 ½ 컵 *(황설탕)*
시나몬 가루 ½ 작은술

필링
크림치즈, 680g, 부드럽게 해서   달걀 3 개
꿀 ¼ 컵
연유 420mL
바닐라 익스트랙 1 큰술
박력분 ¼ 컵

파이지 만들기:

1. 오븐을 160°C로 예열하고 지름 23cm의 바닥이 깊은 스프링폼팬의 바닥과 옆면에 버터를 바른다.
2. 작은 믹싱볼에 버터, 그레이엄 크래커 크럼블, 황설탕, 시나몬 가루를 넣고 어느 정도 뭉쳐지는 상태의 반죽이 될 때까지 섞는다.
3. 반죽을 스프링폼팬 바닥에 붓고 꾹꾹 눌러 빈틈없이 채워준다.

필링 만들기:

1. 반죽기나 스탠드 믹서에 크림치즈와 꿀을 넣고 휘젓한다.
2. 그 후 연유, 바닐라 익스트랙, 박력분을 넣고 뭉치는 부분이 없도록 꼼꼼히 섞는다.
3. 마지막으로 달걀을 넣고 반죽기를 가장 낮은 속도로 맞춘다. 달걀을 포함해 모든 재료가 골고루 섞일 때까지 섞는다.

파이 완성하기:

1. 만들어둔 파이지 위에 필링을 붓는다.
2. 케이크의 가장자리는 단단하되 가운데 부분은 살짝 부드러운 상태가 될 때까지 40분 정도 굽는다.
3. 오븐의 문을 연 상태로 한 시간 정도 식힌 후 꺼낸다.
4. 팬에서 케이크를 꺼내고 적어도 3시간 많게는 하룻밤 정도 냉장 숙성한다.
5. 취향에 따라 과일 혹은 통조림 체리를 얹어서 먹는다.

> 연회에 맛있는 음식이 빠질 수 없죠! 하지만 이런 연회에는 만찬의 사제도 빠지지 않는다는 걸 명심하세요. 만찬의 사제가 치즈케이크를 다 먹어 치우기 전에 여러분의 몫을 미리 숨겨두는 걸 잊지 마세요......

검은바위 용암 케이크

준비 시간: 15 분   굽는 시간: 10 분   분량: 케이크 4 개

곁들이면 좋은것: 바닐라 아이스크림 혹은 휘핑크림, 루비 포트와인

무염 버터 ½ 컵, 버터링을 위해 넉넉하게   시나몬 파우더 1 작은술
  조금 더 준비   생강가루 ½ 작은술
다크 초콜릿 28g, 잘게 다져서   고춧가루 한 꼬집
달걀 2 개   박력분 2 작은술, 덧가루용으로 조금 더
달걀노른자 2 개   준비
설탕 ¼ 컵

1. 오븐을 230°C로 예열한다. 120mL 라메킨 4개에 버터를 꼼꼼히 바른다. 버터를 바른 라메킨에 밀가루를 뿌리고 뒤집어서 불필요한 밀가루는 털어낸다. 라메킨을 베이킹 팬에 올리고 잠시 한쪽으로 치워둔다.
2. 중간 크기의 믹싱볼에, 전자레인지에 녹인 버터와 초콜릿을 넣고 섞는다.
3. 그 후 달걀과 달걀노른자를 넣고 섞는다. 마지막으로 남은 재료들을 전부 넣고 뭉치는 부분이 없도록 꼼꼼히 섞는다.
4. 라메킨에 반죽을 붓고 먹음직스럽게 부풀어 오르지만 가운데 부분은 여전히 말랑말랑할 때까지 약 10분간 굽는다.
5. 케이크가 라메킨에서 잘 떨어질 수 있도록 1분간 식힌다.
6. 작은 접시를 각 라메킨 위에 거꾸로 놓고, 조심스럽게 뒤집는다. 이렇게 하면 케이크를 온전한 상태로 접시에 담을 수 있다. 따뜻할 때 먹는다.

오흠! 열기! 강줄기를 따라 흐르는 용암! 그리고 초콜릿! 당신을 가슴 뛰게 하는 이 모든 것을 안전한 저희 여관에서 누릴 수 있습니다. 손님 여러분은 편안하게 가만히 앉아있기만 하세요!

황금 원숭이 빵

준비 시간: 15분 발효 시간: 1시간 30분 굽는 시간: 25분
분량: 6 ~ 8인분

곁들이면 좋은 것: 펀리경의 노간주 홍차(29쪽), 좋은 친구들과의 식사

반죽
우유 1 컵, 따뜻하게 데워서
가염버터 2 큰술, 녹여서
백설탕 ¼ 컵
달걀물, 달걀 1 개 분량
중력분 3 컵, 덧가루용으로
   조금 더 준비
인스턴트 이스트 2¼ 작은술

소금 2 작은술

설탕 코팅
잘 익은 바나나 2 개, 0.5cm
   두께로 썰어서
흑설탕 혹은 황설탕 1 컵
시나몬 가루 2 작은술
카다멈 가루 ¼ 작은술
생강가루 ½ 작은술

가염 버터 ¼ 컵, 녹여서

반죽 만들기:
1. 작은 믹싱볼에 따뜻한 우유, 녹인 버터, 설탕, 달걀을 넣고 섞는다.
2. 큰 믹싱볼에 중력분, 이스트, 소금을 넣고 섞는다.
3. 2에서 만든 중력분 혼합물 가운데에 작은 구덩이를 파고 1에서 만든 버터 혼합물을 넣고 뻑뻑해질 때까지 반죽한다. 반죽기보다는 손으로 반죽하는 게 좋다.
4. 작업대나 도마에 덧가루를 살짝 뿌리고, 끈적거리지 않고 찔렀을 때 다시 튀어 오르는 상태가 될 때까지 반죽한다. 필요에 따라 중력분을 추가하도록 한다.
5. 반죽 표면에 버터를 살짝 바르고 믹싱볼에 넣는다. 반죽을 축축한 면포로 덮고, 따뜻한 곳에서 45분에서 한 시간 정도 혹은 크기가 두 배가 될 때까지 발효시킨다.

설탕 코팅 만들기:
1. 큰 번트팬이나 구겔호프팬에 버터를 바르고 팬 바닥면에 바나나 조각을 겹겹이 깐다.
2. 작은 믹싱볼에 녹인 버터를 담고 다른 한 그릇에는 흑설탕, 시나몬 가루, 카다멈 가루,

생강가루를 넣고 섞는다. 준비된 번트 팬과 함께 잠시 한쪽으로 치워둔다.

완성하기:
1. 반죽이 충분히 발효되었다면 주먹으로 지긋이 눌러 공기를 뺀다. 그리고 반죽을 작은 조각으로 찢어 약 2.5cm의 지름의 공 모양으로 빚는다.
2. 반죽들을 먼저 녹인 버터에 담그고, 설탕 코팅에 굴린다. 그 후 준비해둔 번트팬에 채워 넣는다. 반죽이 다 소진되거나 번트 팬이 절반가량 채워질 때까지 반복한다.
3. 번트팬을 면포로 덮고 약 45분간 따뜻한 곳에서 2차 발효를 시킨다.
4. 오븐을 175°C로 예열한다. 잘 발효된 반죽을 오븐에 넣고 약 25분 동안 굽는다.
5. 몇 분 동안 식힌 후 팬에서 꺼낸다. 원한다면 슈가파우더나 아이싱으로 장식한다.

아이싱을 듬뿍 뿌리고 숟가락으로 팍팍 파먹으면 정말 맛있습니다!

스톰파이크 특공대 컵케이크

준비 시간: 15 분   굽는 시간: 20 분   분량: 컵케이크 12 개

곁들이면 좋은 것: 차가운 우유, 비상용 냉각수(35 쪽)

컵케이크
무염 버터 ½ 컵, 부드럽게 해서 준비
설탕 1 컵
바닐라 익스트랙 1 작은술
달걀물, 달걀 2개 분량

바닐라 혹은 플레인 요거트 ½ 컵
우유 ½ 컵
베이킹파우더 ¾ 작은술
베이킹소다 ¼ 작은술

소금 ¼ 작은술
컵케이크 믹스 1½ 컵
레인보우 스프링클 ½ 컵

바닐라 프로스팅
무염 버터 1 컵, 부드럽게 해서 준비
바닐라 익스트랙 2 작은술
슈가 파우더 4~5 컵

생크림 혹은 우유 ¼ 컵
파란색 식용 색소 (선택사항)

컵케이크 만들기:
1. 오븐을 175°C로 예열하고 12구 컵케이크 틀에 유산지를 끼운다.
2. 믹싱볼에 버터, 설탕, 바닐라 익스트랙을 넣는다. 핸드 믹서로 버터를 휘핑한다. 달걀물, 요거트, 우유를 넣고 섞는다. 그 후 베이킹파우더, 베이킹소다, 소금, 컵케이크 믹스를 넣고 뭉치는 부분이 없도록 꼼꼼히 섞는다.
3. 반죽을 컵케이크 틀의 유산지의 ¾ 지점까지 골고루 채워 넣는다.
4. 반죽이 충분히 부풀어 오르고 가장자리가 노릇노릇해질 때까지 약 20분 동안 굽는다. 이쑤시개로 케이크를 찔러봤을 때 묻어나오는 반죽이 없다면 완성이다.
5. 케이크를 오븐에서 꺼내고 맨손으로 만질 수 있을 정도가 될 때까지 팬닝 된 상태로 식힌다. 어느 정도 식었다면 식힘망으로 옮겨 완전히 식힌다.

프로스팅 만들기:
1. 핸드믹서를 사용해 버터를 휘핑한다. 바닐라 익스트랙을 넣고 슈가파우더를 조금씩 넣어가며 빵가루와 같은 질감이 될 때까지 섞는다.
2. 그 후 생크림을 넣어가며 짤주머니에 넣어서 짤 수 있을 농도가 될 때까지 뭉치는 부분이 없도록 꼼꼼히 섞는다.

합치기:
1. 날카로운 칼을 사용하여 컵케이크 모양을 일정하게 다듬는다. 그 후 각 컵케이크 윗면에 지름 2.5cm의 구멍을 뚫는다. 구멍마다 스프링클을 1작은술씩 채운다.
2. 식용 색소와 실리콘 브러시를 사용하여 짤주머니 안쪽에 세로로 줄무늬를 만든다.
3. 짤주머니에 만들어둔 프로스팅을 채운다. 원형 깍지를 사용해 컵케이크 위에 회오리 모양으로 프로스팅을 올린다. 마지막으로 프로스팅 위를 스프링클로 장식한다.

@dotory__books
@dotory__books

©2017 Blizzard Entertainment, Inc. All rights reserved. Hearthstone and Blizzard Entertainment are trademarks or registered trademarks of Blizzard Entertainment, Inc. in the U.S. and/or other countries.

Published by Insight Editions, San Rafael, California, in 2017. No part of this book may be reproduced in any form without written permission from the publisher.

본 한국어판 서적은 Insight Editions와 Blizzard Entertainment, Inc. 와의 정식계약에 따라 출판되었습니다. 책의 어떠한 부분도 당사의 사전 서면 허락 없이 어떠한 방법으로도 복제, 전송, 복사할 수 없습니다.

ISBN: 979-11-970906-2-2 (03590)

제작: 인사이트 에디션
발행인: 라울 고프
부 발행인: 바네사 로페즈
미술 감독: 크리시 콰스닉
디자이너: 애슐리 퀘켄부시
편집장: 앨런 카플란
편집자: 아만다 응, 그렉 솔라노
편집 보조: 힐러리 반덴브로크
제작 편집인: 알레인 우
생산 관리자: 알리스 니뷰라에프, 리나 팔마, 제이콥 프링크

감수: 블리자드 엔터테인먼트
편집자: 로버트 심슨, 케이트 게리, 앨리슨 모나한
크리에이티브 자문: 제이슨 체이스, 데이브 코삭,
벤 톰슨, 로버트 브룩스
고증 자문: 션 코플랜드, 크리스티 쿠글러, 저스틴 파커
제작: 티모시 로란
생산 관리: 브리앤 M. 로프리스
선임 관리자 & 국제 저작권 담당: 바이런 파넬
감독 & 크리에이티브 개발: 랄프 산체스

1판 1쇄 발행 2022.07.31
지은이: 첼시 먼로 카셀
옮긴이: 도토리 편집부
펴낸이: 안다일
펴낸곳: 도토리
FAX: 0504-325-3914
전화: 031-817-0815
이메일: support@dotorybooks.com
신고번호: 251002022000113
신고일자: 2020.05.22

지은이: 첼시 먼로 카셀

첼시 먼로 카셀은 뉴욕타임스 베스트셀러 '왕좌의 게임: 불과 얼음의 축제 공식 요리책'의 공동 저자이자 '월드 오브 워크래프트 공식 요리책'의 저자입니다. 평생을 판타지 장르의 팬으로 살아온 예술가인 첼시는 창의력과 역사적 연구를 통해 판타지 속 요리를 현실로 만들어냈습니다. 외국어와 보물찾기, 역사, 꿀과 관련된 모든 것을 좋아하는 첼시는 현재 남편과 늙은 사냥개, 뚱보 맹크스 고양이와 함께 버몬트에서 살고 있습니다.

도움 주신 분들

W.B. 콘실리오(일명 호셀로프), 데이브 터링턴, 라벤더 여사님, 아이라 서전트(차스스톤 브론즈 10등급), 제프리 W. 클레이턴, 지나 모르젤리 (자칭 스톰레이지의 라일리라), 크리스 마지올로(유명한 연금술사이자 주조사), 탈리슨 솔로몬, 친구들, 그 밖의 이 책과 관련된 모든 사람들과 회사 관계자들 그리고 레시피를 연구하면서 만든 요리들을 전부 먹어준 사랑스러운 가족들에게 감사드립니다.

이 책에는 네이버에서 제공한 나눔손글씨가 사용되었습니다.

책값은 뒤표지에 있습니다.
잘못 만들어진 책은 구입처에서 바꿔드립니다.